聡明な女は料理がうまい

桐島洋子

anonima st.

＊本書は、一九九〇年に発行された『聡明な女は料理がうまい（文春文庫）』（文藝春秋社刊）をもとに復刊しました。初出は『聡明な女は料理がうまい――女ひとりの優雅な食卓からパーティのひらき方まで』（一九七六年　主婦と生活社刊）です。

プロローグ

聡明な女は料理がうまい

I　すぐれた女性は必ずすぐれた料理人である

「いま、何をお書きですか」と聞かれて、私が「料理の本を書いています」と答えると、だれもがけげんそうな面持ちで聞き返す。

「料理って、食べ物の料理のことですか」

「もちろん、そうですよ。ほかに何かあるかしら」

「いや、桐島さんだったら、男を料理する法とかなんとかいうのかと思って」

「それはまあ、間接的には男を料理する法にもつながるでしょうけど、それが目的ではいじましすぎるわ。料理って、もっと重大なことですよ」

「重大ですか」

「そりゃ、そうでしょう」

「ええ、でもなんだか、らしくないなあ」

「なんで?」

「だって、あなたはウーマン・リブでしょう」

「そう名のる活動家には属していないけど、ウーマン・リブが当然だと思っている常識人の一人ね」

「料理が重大だなんていうのは、ウーマン・リブ的に言えば、保守反動じゃないですか」

「とんでもない。料理をおろそかにすることこそ反動的ですよ」

「はあ？」

「だって、そうでしょう。女がより有能により自由になるのがウーマン・リブの目的なのにいまや女たちの料理力はどんどん退化して無能な男のレベルに近づき、おいしいものをみずからの腕でほしいままにする自由を喪失している。この反動的な傾向に、ウーマン・リブの危機を切実に感じるわ。だから、私なりのささやかなキャンペーンとして、料理の本を書き始めたの。それはあなたにけげんな顔をされるまでもなく、私ごときが料理の本を書くおこがましさは承知しているわ。でもこの私さえ、今はマシな方なのよ。私、昔アメリカを放浪してたころ、方々で主婦のグループを相手に料理を教えるアルバイトをしたけど、それはアメリカのように野蛮な国だからこそ通用することだと思ってた。ところが帰ってみたら、日本のほうがもっとひどいじゃない。料理らしい料理は料理屋にしかなくなっちゃった。家庭の味は劇的な堕落《だらく》をとげたわね。〝帰りなんいざ、台所将に蕪《あ》れなんとす〟よ」

「すると、女は台所に帰って有能な料理人になるのがリブというわけですね」

「そう、でも帰りっぱなしになれっていうんじゃないわ。だれだって眠たくなればベッドに帰るけど、また起きて出かけるためにこそ寝る。ベッドで寝るのも台所でごはん作るのも人間として当然の営みだけど、ベッドや台所が人生の目的じゃないわ。人間それぞれに才能があるもの。それを生かしてパリパリ働かなくちゃ、もったいないし、つまらない」

「その外でパリパリ働くってのが、つまりウーマン・リブのイメージなんだけど、そういう有能さと台所仕事とは矛盾するんじゃないのかなあ」

「時間や何かの問題で、物理的にはしばしば矛盾するけど、能力としては全く矛盾しないわ。私はね、すぐれた女は必ずすぐれた料理人であるという断固《だんこ》たる偏見の持ち主なの。それはすなわち、料理のへたな女はダメな女でもあるということ」

Ⅲ　女が女性化すると料理がヘタになる

「きびしいなあ、そんなこと言っていいんですか」

「いいのよ、私が好きな人、尊敬する人はみな料理がじょうずだから、それ以外の人に憎まれたって困らない。いわゆる男まさりのいい仕事しているような人ほど、料理の手ぎわもいいわね。なよなよとひたすら女っぽくて、お嫁さんになることだけしか眼中にないような女はたいていダメ。料理学校へ行こうが何しようがダメなのよ。料理ってのは本質的に男性的な仕事なんだと思う。それなのに男たちが女を差別して男性的な世界から疎外するから女はいよいよ女性化して、料理がへたになる」

「でも女が女の世界に閉じ込められていたという点では、今よりも昔のほうがもっとひどかったんじゃないですか」

「だけど、昔は女の世界がもっと男性的だったでしょ。家庭は雄々しくプロフェッショナルな主婦が仁王立ちになって精魂ふるう戦場だったのよ。ところが今のマイホームときたら、赤十字の旗をかかげた女子供の収容所ですものね」

「はあ、収容所ですか」

「そうよ、そしてあなたがた亭主族は、ご苦労さまな収容所長さん。もっとも、あなたは始終外で社用のごちそうばかり食べているご身分だから、収容所の給食の味なんか気にならないでしょうけど」

「いやいや、気になりますよ。確かに、あれは給食って感じなんだな。もっと言やあ、飼料って感じ。うちのガキたちの飯どきにたまたま居合わせると、なぜかいつもスパゲティなんだけど、あれはまさに子馬を並べてマグサをあてがう図ね」

「でしょ。大の男があのマグサの列に加わるのは、人ごとながらもの悲しいわ」

「言いたかないけど、ぼくもおふくろの味が恋しい中年男の一人ですね。でも女房のほうがおふくろより女性化したから料理がへたになったのだとは思わないなあ。ぼくのおふくろぐらい女性的な女はいなかった」

〝収容所長〟氏は、私の説にいささか釈然としないらしい。

♕

「男性的」とか「女性的」とかいういいかげんな言葉づかいが混乱と誤解のもとなので、少し注釈を加えておこう。

人間の能力や性質は人それぞれに異なるが、それは個人差であって、男女差ではないと私は信じている。人間を男か女かということでまず二分して考える粗雑な発想にはくみさない。だったら、「男性的」「女性的」「男らしさ」「女らしさ」といった差別語を使うべきではないのかもしれないが、私はこれを性別を越えた、ただの形容詞として便宜的に使っているのだということをおことわりしておきたい。私が「女性的な女は料理がへただ」という場合の「女性的」は、「観念的な」とか「俗物的な」とかいった言葉と同様、男にも女にも等しく用いられる一つの形容詞である。ただこの「女性的」という言葉は、非常に包括《ほうかつ》的かつ流動的なところが便利で、そのまぎらわしさにもかかわらずつい使いたくなってしまうのだ。

「女性的」という言葉がほめ言葉として使われるとき、それはたとえば「やさしさ」や「美しさ」や「すなおさ」を意味するのに、同じ言葉が悪口として使われると、「臆病」や「泣き虫」や「優柔不断」を意味することになる。

「男性的」という言葉も大いに包括的だが、「女性的」のような激しい流動性はなく、ほぼほめ言葉として安定している。しかも、よい意味での「女らしさ」、すなわちやさしさとか美しさとかは、「男らしさ」の中にも含まれるので、結局人間における好ましい資質はすべて「男性的」という言葉で間に合ってしまう。男を「女性的」といえばまず悪口と思ってまちがいないが、女を「男性的」といっても別に悪口にはならないことが多い。確かに女をバカにした話だが、そんなことでキャアキャアいっていたらきりがないので、私は乱暴に割り切り、「男性的」を肯定語、「女性的」を否定語として使い分けることにしている。

Ⅲ　すぐれた料理人の条件とは……

人間の好ましい資質の中で特に「男性的」といわれるような部分ほど、すぐれた料理人になるために必要なものだと、私は確信している。男の中の男とたたえられるある人物にちりばめられた言葉を拾ってみよう。「勇敢な決断力」と「実行力大胆かつ柔軟な発想」「明晳《めいせき》な頭脳」「鋭い洞察力」「機敏な運動神経」「たくましい体力」「物に動じない冷静な判断力」「不屈の闘志と責任感」「ゆたかな包容力」「虚飾のないさわやかさ」……etc.。

ああ、これこそまさに理想の料理人の条件なのだ。

♛

まず料理とは「果敢な決断と実行」の連続である。ところが女性的な主婦は、毎日グズグズと献立を考えあぐね、朝食で満腹したばかりの亭主に「今晩のごはん、なんにしましょうか」と聞いたりしてうるさがられ、テレビの料理番組など見てみるが、なにやらややこしげな手順に意気沮喪《そそう》し、買い物に出ると目移りし、結局めんどくさくなってシューマイの冷凍を買って帰ったりする。

♕

「大胆で柔軟な発想力」があれば、たかが一年三百六十五日ぐらい、毎日新しい献立のアイディアがメラメラわきすぎて困るほどわいてくるだろう。いつ食糧危機が来るかしれないが、少なくとも現在の市場には、あらゆる材料があふれ返っているのだ。その値段が高くて買いたいものも買えないというぐちには必ずしも同情できない。生鮮食品の値動きははげしく、よくさがせば、いつでも必ずといってよいほどなにかしら安い物が見つかる。それを発想の原点にして献立を考えればよいのに、本やテレビに教えられた献立の材料を、その指示どおりに集めてまわろうとする。たとえばサラダといえば、何がなんでもレタスとトマトという妙な固定観念にとらわれて、一つ二百円もしてしかも青くて味気ない冬トマトを買う。ほうれんそうでも大根でもマッシュルームでも山いもでも、おいしいサラダになるというのに。

肉だって日本の主婦は小ぎれいにスライスしたようなところばかり買うから、スネとかしっぽとか内臓とか、値段は安いが料理しだいでいかようにもおいしくなるところはもっぱら在日外人の手に落ちる。

肉食の歴史が浅いからしかたがないというなら、魚はどうなのか。いまや自分でちゃんと魚の始末ができるのは釣り気違いの男たちぐらいのもので、女は手をよごすのをいやがり、魚屋に何もかもまかせてしまう。アラが出ても見向きもしない。驚いたことには、かつおの中おちや、あわびの肝の権利さえ放棄して、さしみだけ持ち帰る主婦が多いのだ。ああ、もったいなや、ありがたやと、私はハイエナのようにほくそえみながら、それを二束三文で引きとらせていただく。

♛

公害と資源危機を生き抜くには食物の安全性や経済性や栄養に対する「鋭い洞察力」が必要だ。ほんの数センチ使っただけの大根が無残にしなびてごみバケツに葬られているような光景を見かけることが珍しくないが、大根一本買うと決めた瞬間に、きょうは大根おろし、あすはふろふき、残りはあさって千六本のおみおつけ……と最後の最後の使い道までピーッと頭に走るようでなくては困る。

♛

これからは週まとめの買い物が常識になることだろうから、家にあるストックと市場に並ぶさまざまな材料とを複雑多岐に組み合わせ、一週間の献立をその場で引き出しながら買い物をするぐらいのコンピューターを内蔵した、「明晳《めいせき》な頭脳」の持ち主でありたいものだ。単純なそろばんしか知らない女性的な消費者は、目先のことしか考えないでなしくずしにゾロゾロと物を買うから、いつも中途半端な余り物で冷蔵庫がごった返し、台所がうっとうしい場所になる。

♛

料理というのはきわめて知的な作業であるばかりでなく、はげしい肉体労働でもあるから、「機敏な運動神経」と「たくましい体力」が重要なこともいうまでもない。グズグズしていたり弱々しかったりしてはロクな料理はできない。チャッチャッチャッとすばやく勢いよく体を動かし、指の数ぐらいの仕事は同時にこなさなければならない。ところが、女性的な料理人は、二つの仕事もいっしょにはできなかったりして、揚げものをしているうちに煮ものが焦げつく。

「冷静な判断力」に欠けるから、とっさの応急処置が浮かばない。茫然《ぼうぜん》としているうちに油からも黒い煙が立ちのぼり、このへんで完全なパニック状態になる。石油危機の折のトイレットペーパー騒動でもそうだが、女性的な人たちというのはやたらと物に動じすぎるのである。

♛

来客にもすぐパニックを起こす。夜、夫がせっかく友だちを連れてきてくれたのに、喜ぶどころか仏頂面《ぶっちょうづら》で、「あいにく家には何もなくて」とクドクド弁解を繰り返す。今どきほんとうに何もない台所なんてめったにあるものではない。少なくとも卵とのりとかつお節と、ねぎそのほか数種類の野菜の切れっぱしと冷や飯ぐらいはあることだろうから、それだけでもおつまみ幾皿かと雑炊《ぞうすい》はできる。そういう臨機応変の行動力に欠け、不意の来客をきらう女性的な主婦は、前ぶれのある客もまたきらい、何を用意すべきかと数日がかりでオロオロととり乱し、ひどいときは結局、店屋ものをとり寄せたりする。要するに客をするのがいやなのだ。ちっぽけな核家族に決まりきった飼料をあてがうのが精いっぱいの現代の主婦たちには、何代にもわたる大家族や居候《いそうろう》でごった返す家を事もなげに切りまわしていた往年の主婦の「ゆたかな包容力」は残っていない。

♛

「虚飾のないさわやかさ」はどうか。女性的な料理は、まず虚飾に始まることが多い。たまに張りきると、こんなことはホテルの宴会にまかせておけばいいと思うような派手派手しいオードブルみたいなものばかり作りたがる。ゆで卵の端をギザギザに切りそろえたり、りんごの皮をちょっぴり残してうさぎの耳にしたり……といった小手先の飾りにそそぐ情熱を、もう少し味のほうにまわしてほしいものだ。

盛りつけも確かに料理のたいせつな要素だが、女性的な料理人は、自分のセンスにたよる自信がなく、お手本どおりにしないと不安でたまらない。

家庭の食卓に現われるごちそうが駅前食堂のウインドーのほこりっぽい蠟細工《ろうざいく》そっくりだったりするのは興ざめなものである。法律で決まっているわけでもないのに、オムレツには必ずケチャップがペチャリとひとたらし、サラダのアスパラガスにはマヨネーズがニョロリ、ハンバーグの横には赤いスパゲティ、えびフライにはポテトサラダ……そして、どの皿にも食べもしないパセリが一枝。女性的な人って、どうしてこうもやぼったく律気《りちぎ》なんだろう。キャンプのときなどの男料理の荒々しい型破りの盛りつけのほうが、よっぽどさっそうとして食欲をそそるのだ。

Ⅳ 女は男並みの家事無能力者になってはならない

台所の女性化がいかに料理を堕落《だらく》させるかということは、書きつづければきりがないからこのへんで切り上げる。

さて、それでは台所をどうすればもっと男性化できるのか。男性的な男たちがどしどし台所に進出してくれることはもちろん望ましいのだが、男女分業社会に生まれて全く台所から疎外されたまま半人前の育ち方をしてしまった彼らに、急な仲間入りはむずかしい。これから何代かがかりでの気長な訓練が必要だろう。

その点、台所仕事に自然に親しみながら成長した女なら、食物自給の習慣を常識として踏まえたうえで、社会へ乗り出していけるのだから、その有利さをもっと自覚してほしい。

もっとも、近ごろの過保護ママのもとでは、男の子ばかりか女の子まで台所から遠ざけられ、女も男並みの家事無能力者として世に送り出される。女が男より優位にあった唯一の条件さえ、失われつつあるのである。いったん握った既得権は雷が鳴っても離さないような女たちが、せっかく長年のあいだがっちりと確保していた生活技術を、どうしてこうムザムザと放棄していくのだろう。

私は自分が育ったきびしい環境に感謝しなければなるまい。戦後急激に没落した家を女の細腕で懸命に支える母のもとでは、幼い子供もすべての家事を分担して力を尽くすのが当然のことだった。それも今のように電化、機械化された家事ではなく、ごはんをたくにもまず裏山でまきを拾ったり井戸の水をくんだりすることから始めなければならない。パンもジャムも漬けものも何もかも自家製で、野菜も庭を耕して自分で作った。

そういう技術を生活の基本としてたたき込まれたから、その後どんどん便利になった家事など子供だましのようなもので、なんの苦にもならない。

子供のとき、家事をしながら学校へ行き勉強をするのが当然自然であるように、おとなになったら家事をしながら職場へ行って仕事をするのが当然自然だとばかり思っていた私には、多くの女性が家庭か仕事かという二者択一に悩むのが、なんとも奇異なことに思われた。しかし、こういう私から見て〝まとも〟な感覚の人が、私の世代にはまだ少なくなかった。

特に私の周囲には、家事というものをそんなにごたいそうには考えず、初めからさりげなく身につけたうえで、社会に全く男と同じ姿勢で立ち向かおうとしている女が多かった。彼女たちはそれぞれの才能を生かした仕事を選び、学校を出て以来ずっと今まで働きつづけている。結婚している人もいない人もいるが、いずれにしても〝家庭〟という生活基地を運営しているのだから〝主婦〟であることに変わりはない。

私が知る限り、有能な職業人ほど、また有能な主婦である。みんな忙しいから家事に使える時間は少ないが、短い時間に圧縮空気が噴出するような勢いでチャカチャカッと活躍し、一日じゅうのんべんだらりと家にいる主婦よりも、むしろ手ぎわよく家事を処理してしまう。ともかくやることにメリハリがきいているのだ。

彼女たちにとっての家事は「シジフォスの神話」の重苦しい岩塊《がんかい》ではなく、一種のスポーツのようなレクリエーションである。とりわけ料理というのは、個性や才能がメリメリと生きる創造的な仕事だから、他の家事はともかく、料理だけは他人にまかせたくないと、意欲的な女なら思うものである。

一生の間、日々新たに自己表現の機会を与えられつづけるというのは、ほんとうにすてきなことだ。その表現力をアプリシエートしてくれる家族や恋人や友だちに恵まれるのは、さらにすてきなことだ。性欲が灰になるまでつづくかどうか私には自信がないが、食欲のほうはよほど不運な病にでもとりつかれない限り一生ものだから、この情熱をシェアし、料理によるコミュニケーションを確立した間柄が最も長もちしやすい人間関係だといえるかもしれない。

V 仕事や恋をしているうちに料理の腕も自然に上がる

しかしコミュニケーションをゆたかにする表現力は、台所の中だけではなかなか育ちにくいものである。広い世界の複雑な試練や刺激を吸収して料理も成長していく。

私の有能な女友だちは、だれも料理学校などに行きはしなかったのに、一生懸命に学問をしたり仕事をしたり恋をしたり旅をしたりしているうちに、いつの間にか料理の腕も上げてしまった。

いま中年の働きざかりになった彼女たちとのつきあいぐらい、私にとって楽しいものはない。私たちは宴会が好きだ。もちろん料理屋ではなく自宅によんだりよばれたりして、手料理でもてなし合うのが、女仲間の常識である。その手料理というのがすばらしい。なにしろ表現力の旺盛な連中だから、わざわざ人をよぶからには、ヨソではとてもお目にかかれないような大ごちそうを作って驚かさなければ気がすまないのである。

人の手料理をほめるのに「おじょうずねえ、まるでレストランのグラタンみたい」などと言う無礼者がいてシラけることがあるが、そういう人は家庭がレストランに劣るものと思い込んでいるのだろう。わが誇り高き仲間たちは、レストランでは不可能なことを可能にするためにこそ自分の台所で腕をふるうのだ。

気心の知れた友だちを相手に、採算など考える必要もなく純粋な楽しみとして作るお客料理が、料理屋の商品並みでは困るのである。

私の仲間はだれも金持ちではないが、ともかく自分でかせいでいるのだから、料理の材料代ぐらいは、だれに気がねもなく十分に使えるし、いくらぜいたくしたつもりでも料理の原価など知れたもので、場末の縄のれんで飲むよりも安くつく。

材料費だけでなく、知識と経験もまた豊富に投入できる。外で働いていると食べ歩きの機会が多い。進取の気性に富んだ彼女たちは、おもしろい味に出会うたびに、その作り方を取材研究してレパートリーに加えていく。仲間のだれかが外国から帰ってきたりすると、こんどはどんな料理法を仕入れてきたかと、一同舌なめずりして、その披露宴を待ちわびる。私たちは居ながらにしてポルトガルの海辺のたら料理や、アルジェリアのクスクスや、ギリシアのなすのムサカを味わうことができるのだ。

また、古典的な料理の文献を調べて、昔の味を再現する趣味を持つ人もいて、ナポレオンが寝起きに食べたオムレツや、楊貴妃《ようきひ》が美容食にした野菜スープや、伊藤博文が鹿鳴館ですすった伊勢えびのビスクの味を私たちに追体験させてくれる。

よい会話も食卓をゆたかにするたいせつな要素だが、私たちはこの点でも全く満足な状態にある。子供がすべったの、ころんだのといったたぐいの話題は、上等なぶどう酒を侮辱《ぶじょく》する甘ったるいケチャップのようなものだから、私たちの食卓からはきびしく排除されている。

VI 料理を愛する心は人生論よりためになる

女として従来身につけていた能力を振り捨てて、ただ今の男並みになろうとすることがウーマン・リブでは情けない。たとえすべての女が社会への進出を果たしたとしても、そのかわり家に専業家政夫をかかえなければやっていけないようでは、現在の不自由な男女分業社会のネガとポジを入れかえるだけで、なんの進歩にもならないのである。

家事、特に料理という人間生活の基本能力を手放したウーマン・リブなど、とても危なっかしくて見ていられない。アメリカでのコンミューンを幾つかのぞいてみたが、家事を憎む女の多いグループは生活が荒廃し、その崩壊を予感させる死臭のようなものを漂わせている。一方シャキシャキ楽しげに料理を作るような女の多いコンミューンは生き生きと活気にあふれて、リブの将来に希望を感じさせるのだ。

絶対にソンはないからともかく料理だけはうまくなっておきなさいよと、私はだれにでも言うのだが、「いやソンだ、女がおとなしく料理などしてしまうから男がつけあがる。男女の平等は、女がこれまで不当に押しつけられていた家事を放棄することから始めるべきだ」

という説もある。しかし、半人前の育ち方をした男のほうもかわいそうなのだから、今のところはガタガタ言わず、ついでにめんどうみてやろうというのが、かい性ある女の気持ちではないかと思う。

男は女にできる仕事ができないのに、女は男の仕事をどんどんモノにしつつある。無能な男に女が追いつくのではなく、有能な〝両性具有〟の女に男が追いついての男女平等こそが望ましいのだ。

読者は、私の文章にかなりの強がりを感じられることだろう。正直言って私もしばしばへとへとになり、男のように奥さんを持ちたくなる。この分業社会で仕事と家庭を両立させるのは、口で言うほど簡単なことではない。しかし、そういう社会のしくみのほうがまちがっているのだから、屈服するわけにはいかないのである。断固《だんこ》強がって、人の二倍も三倍もがんばるぐらいの心意気がなければ、とても社会を変えていくことはできないだろう。

ただがんばるだけで玉砕《ぎょくさい》してしまっては始まらないから、男性的な自由な発想で家事を合理的に再編成し、最も快適な秩序を自分のものにして台所を賢く支配していかなければならない。私がいま書きたいと思っているのは、そういう戦略としての料理の本である。

〝若い女性のための人生論〟をというのが出版社の注文だったが、愛だの恋だの結婚だのといった議論はもうたくさんだ。そんな文字で一冊の本を埋めるなんて、考えるだけでウンザリして胸のあたりがもたついてくる。

「お料理の本なら書きたいけれど」と、私は出版社の人に言った。「そのほうが、よっぽど〝若い女性のため〟になると思いますよ」

出版社の人は浮かない顔をした。それはそうだろう。だいたい私の本を買ってくれるような人というのは、従来の女のあり方に不満で、もっと自由におもしろく生きたいと願う女たちである。家事の押しつけに反発する彼女たちは、料理の本など見向きもしないだろう。しかし、そういう女たちこそ料理を愛することが必要なのだ。どうせ一生つきあう相手ならば、重荷としていやいや背中に負うより、積極的に愛して抱擁したほうがいい。そうすればずっと自由におもしろく生きられる。

目次

一章

料理は食いしんぼうの恋人を持つことに始まる

料理事始め

乱暴だが効果的な料理入門法とは

料理と語学の勉強はよく似ている、外国語をモノにするのにいちばん理想的なのは、国際的な環境に身をおいて育つことだ。親が外交官や商社員で、適当な時期に海外生活を送った子供は、なんの苦もなく外国語をしゃべるようになる。料理に関しては、昔の女の子のほとんどが、そういう環境に恵まれていた。毎日のごはんのしたくに母親の手伝いをさせられるのがあたりまえだったから、わざわざ料理学校へ行かないでも自然に料理が身についたのである。

ところが、猫の手も借りたい昔の台所と違って、単純便利で仕事の少ない今の台所では、もう子供などお呼びではない。学習塾に通っても台所には通わず、いい年越えてから、やおら初めて台所仕事にご対面ということになるのが、現代の若者たちである。

さて、二十《はたち》の手習いをどう進めるか。語学でも料理でも基礎がたいせつだというのは常識だが、この基礎となるものはとかく退屈で、入門者をさっそく意志沮喪《そそう》させることが多い。初めに文法ありきで解剖学の標本みたいな教科書とばかりつきあわされ、生きた英語にふれることなくすごすのが、日本の語学教育の不幸だと私は思う。

だから、私も学校では英語が大きらいで、全く絶望的な劣等生だった。私の親はおよそ勉強を強要したりすることのない放任主義者だったが、英語に関してはさすがに見るに見かねたらしい。「おまえさん、悪いこたあ言わないから、英語ぐらいはちゃんとやっておきなよ。言葉が通じないってのは、不便なものだぜ」と、珍しく父が口を出したことがある。

「だって、つまらないんだもの」

「そりゃあ、学校の英語なんてつまらないのがあたりまえさ。世の中に読みたい本はゴマンとあるのに、なんでよりによってこんなくだらないしろものをヒイコラ読まなきゃならないのかっていうようなテキストばかりだものな。そんな授業を好きになれとは言わないよ。それよりオレの秘蔵の愛読書を貸してやるから、これをぼつぼつ読んでごらん」

そう言って父が持ち出してきたフランク・ハリスの『マイ・ライフ・アンド・ラブ』という本を見て、母は眉をひそめた。

「あなた、高校生の娘に、なにもそんな猥本《わいほん》を読ませることはないでしょう」

「いや、これくらいワクワク興味をそそられなきゃ、辞書を引き引き読み進める気力はわかないよ」

「おもしろい本ならほかにいくらもあるじゃないの。『風と共に去りぬ』だって『フォーサイト家物語』だって読みだしたらやめられないわ」

「だけど、翻訳で読めるものをわざわざめんどうな思いして原書で読むのは、すぐアホらしくなってくるぜ。こいつは発禁本だからね。読みたきゃあ横文字で読むよりほかない。そこがつけ目さ」

これには、なるほどと思った。料理だって、自分がほんとうに食べたくてたまらないものを作ることから始めればハズミがつくというものだ。また、自分で作ってこそ食べられるというものであるほうが作りがいがある。同じ味が店屋ものやインスタント食品でも手軽に調達できるとあっては、手間ひまかけるだけ損という気持ちになるではないか。

だから、初心者よ大志を抱け《ビギナーズ・ビ・アンビシャス》！　デパートの食堂に並んでいるような平凡な料理はむしろあとまわしにして、本邦初演とまで言わないけれど、ともかくそうザラにはお目にかかれないような珍しい料理をのっけから作ってみよう。これが私の乱暴だが効果的な料理入門法である。

育ちの悪い女医さんに料理特訓中

この方式でいま私は一人のおない年の女友だちを特訓中である。彼女は私と高校以来の親友で、いまはきわめて有能な医者として活躍している。

ところが、料理の能力だけは完全にゼロなのだ。子供のころから家事に追われた私と違って、彼女はたいへん裕福な家庭で上げ膳下げ膳のお嬢さまだった。つまり育ちが悪いのだ。全く家事に無縁なまま成長した彼女が、東大の医学部に在学中、なにか思い屈するところがあったらしく突然学校などやめ家政婦になろうと思いつめ、赤門前の家政婦会に飛び込んだことがある。しかし、面接にあたった家政婦会長は、この志願者のあまりの無知無能にあきれ果て、「あんたはとても家政婦になどなれないよ」とすげなく彼女を追い返してしまった。すぐれた医者を一人あらかじめ失うことなくすんだことは日本のために幸いだったが、彼女はこれでいよいよ決定的に家事能力への自信を失い、以後、徹頭徹尾、台所を敬遠したまま今日に至っている。独身のアパート暮らしだが、食事は全部外食だ。私に劣らずたいへんに食欲的な人物で、特に肉を好み、手術で焼きごてを使うとき肉が焦げるにおいをかぐとキューッとおなかがすいてきてステーキが恋しくなるという豪の者である。私が「晩ごはん食べにこない？　絢爛豪華ローストビーフの夜ですゾ。いま巨大な肉塊ににんにくをすり込んでいるところ……」などと電話しようものなら、遠路をいとわずすっとんでくる。

そういう肉塊を切り分けたり、鶏をバラしたり、詰め物をした七面鳥の腹を縫合したりする〝外科手術〟の際には、さすがに頼もしい腕の冴えを見せてくれるドクターだから、煮たり焼いたり味つけしたりの内科や薬科だって、その気になれば必ずモノにできるだろう。そう思って私は彼女に説得を開始した。

すっと台所に立てるいい女でありたい

「あなたみたいな食いしんぼうが自分で料理できないなんて、あんまり不便で不経済で見てられないわ。忙しく働く日は外食もしかたがないけど、休みの日ぐらいいちいち食べに出かけずに家でゆっくりしたくない？」

「うん、だからローマイヤのソーセージのパックを買っておいて、ストーブの上に並べて暖めながらかじるのよ」

「まるで山小屋じゃない。あなたねえ、女の三十代なんて、もう少し優雅であるべきよ。それにあなただって男友だちの一人や二人はいるんでしょ。男友だちが遊びにくれば、夜中にハタと空腹を覚えるような事態も発生しうると思うけど」

「そうね」

「そんなとき、やおら立ち上がってどっかへラーメン食べに行くの？　色気ないわよォ、そんなの。絹ずれの音もなまめかしくスッと台所に立ち、シャカシャカとすばやく気のきいた夜食を作ってもてなすいい女でありたいと思わない？」

「思うわ」

「お客さまが朝までご逗留《とうりゅう》遊ばされたりしたときは、せめて熱いマッシュルームオムレツぐらいはさしあげてごきげんうるわしくご出立いただくのがオトナの女のたしなみというものだし」

「なるほど」

「才たけた女性は必ずよい料理人であるという私の持論を、わが有能な仲間たちは、あなたを除いてはだれひとり裏切っていないのよ。どうもこの例外は目ざわりで困るんだなあ。あなたも遅ればせながら勉強して料理人の列に加わってほしいわね。高年初産婦みたいなものだからちょっとシンドイけどさ、あなたのインテリジェンスをもってすれば、そのへんの花嫁修業の女の子なんかに負けやしないわよ」

「俄然《がぜん》、意欲がわいてきたわ。料理学校に入学すればいい？」

「あれは嫁に行くことしか頭にないような有閑女性の巣窟《そうくつ》でね、あなたなんかとても居たたまれない雰囲気の場所だと思うわよ。それよりじっくりと料理の本を読んで、書いてあるとおりにやればイヤでもできるわよ。そしてそのうち、いちいち本を広げなくても、あるいは必ずしも本のとおりにしなくても、スイスイできるようになってくるものなのよ」

「へえ、それにしては料理のうまい人って少ないわね。だれだって本ぐらい読めるはずなのに」

「そこがまあ、意欲とセンスの問題なのでしょうね。その点、あなたはデキる人だと思うからおすすめするのよ。私も精いっぱい応援するからやってごらんなさい。婦人雑誌の付録なんかうちにいっぱいたまっているから、あなたにあげておくわ」

「ありがとう。へえ、どれどれ、〝だれでもできる新婚料理〟〝やさしい経済おかず〟……なるほど、わりあい簡単そうね」

ロートレックの料理書に発奮

「だけど、初めからこんな世帯じみたアッパッパ料理につきあっちゃダメ。ビギナース・ビ・アンビシャス。記念すべき処女作は、アッと驚く大ごちそうであるべきよ。そうそう、この本を読んでごらんなさい。最近思いきって買い込んだ豪華本。この中からどれか魅力的な未知の料理を選んで挑戦してみない?」

「『美食三昧《ざんまい》―ロートレックの料理書』か。ロートレックって絵かきじゃなかったの?」

「そうよ、私がいちばん好きな絵かきの一人。今の私たちぐらいの年までしか生きなかった、しかも身体障害者の彼が、あれだけジャボジャボ絵をかきながら、なおもこれほど盛大に料理を作ってたのよ。これ読んだら奮《ふる》い立たずにはいられないわよ」

さて、このロートレックのレパートリーは、絵かきの余技だからたわいないしろうと料理だろうなんて思ったら大まちがい。くろうとも青ざめるほどの創意を凝《こ》らした複雑な料理ばかりなのである。

大志を持つにも限度はある。語学に話を戻せば、父の激励にもかかわらず、高校生に『マイ・ライフ・アンド・ラブ』はやはりいささか無理で、一巻も読みきらずにやめてしまった。のちに吉田健一氏の訳本が出たので読んでみたが、これはたとえ日本語でもあのころの私にはわからなかったであろうと思われる部分が多いのだ。しかし、おもしろそうな原書に背伸びをしてもともかく強引にとっついてしまうという外国語攻略法を引っ込めるつもりはない。なにも発禁本でなくても、まだ翻訳されていない小説本など手軽なペーパーバックでいくらでも売っているのだし、本がめんどうなら毎日の新聞だけでも英字紙にすれば、ニュース知りたさに英語をモリモリ読まざるをえない。

外国語で料理書を読めば一石二鳥

語学に話がからまりついでにも一つ、料理の本は外国語で読むことをおすすめしておこう。これは語学と料理の一挙両得の勉強法なのだ。英語ならペンギン文庫のクックブック・シリーズなどが日本でも入手しやすい。軽い新書版だからいつでもハンドバッグに突っ込んでおき、バスを待つ間とか電車に乗っている間とか、おりあるごとにとり出して読めるだけ読む。いやしくも高校以上の学校を出ていてペンギンのクックブックぐらい読めないはずはない。もし読めなかったら、なおのこと躍起になって読むべきである。小さな辞引きも携行しているにこしたことはない。単語さえわかれば構文は簡単なのだ。だいたいが動詞と目的語だけのキビキビした命令形だから、この節はどこへつながり、どこを修飾するのだろうなどと頭をひねることは少ない。しかも、この命令形というのはそのまま話し言葉に使えることが多いから、料理書の文章によく慣れておくことは実用的な英会話の勉強にもなる。また、西洋の日常生活には欠かせないのに日本の英語の教科書ではまずお目にかからないような言葉が、料理書にはしきりと現われる。

私は少女時代にカトリックの女学校で教育されたおかげで、キリスト教に関してひととおりのことはわきまえているが、外国の小説など読んでいて、「もし私が聖書や公教要理と無縁だったら、この部分の意味は理解できずに読み過ごすだろうな」と思うことが多い。

食物の知識についても同じことで、欧米人にとっての常識がまだしばしば私たちの盲点になっている。外国語の料理書を読んでいて記憶に残った、私たちには全く縁のない野菜や肉やスパイスの名前や変わった食習慣が、外国文学や歴史の理解を助けてくれることも少なくないと思う。

つまり、横文字で料理書を読むことは、外国事情を学びながら料理も覚えるという一石二鳥か三鳥の勉強法なのだ。

♛ 暇つぶしでもいい、ジャボジャボ料理書を読み流すべし

いくら料理の本を読んでも実際に作りたくなるような料理はそうたくさんあるわけではない。一冊読んだ中に、五つか六つあればいいくらいかもしれない。しかし、一生縁のないような料理の作り方だって一度ぐらい読んでおいてソンはない。読むはしから忘れてしまうだろうが、異国の街を歩き雑踏にもまれているだけでもその国のことがなんとなくわかってくるように、おびただしく通り過ぎた料理の印象がかすかなチリのように心にたまって、無意識のうちに理解の土壌を作っていく。

いざ鎌倉というときだけやおら料理書をとり出して広げ、何にしようかとキョトキョトする人が多いのだが、これでは飾り窓の女を物色する男たちのようなものだ。

それよりふだんの暇つぶしにジャボジャボ料理書を読み流す習慣を身につけておけば、袖ふれ合うも他生《たしょう》の縁で、おりにふれてなにかしら思い出し、それが献立のヒントになることは多いはずである。

豪華なレパートリーブックはあなたの財産になる

私は献立を考えてから買い物に行くより、市場を歩いてそのときどきの肉や魚や野菜の表情をながめながらインスピレーションがわいてくるのを待つ。きょうはこれがおいしそうだなとか安いなとか思う材料と、頭の中にたくわえてある料理の知識や経験がピーンとふれ合ったときに献立が決まるのだ。

だからたとえ漠然《ばくぜん》とした印象だけでもいいから、できるだけ多くの料理を心にとどめておけば、それだけピーンとふれ合う快いインスピレーションの鈴の音がにぎわいを増し、食卓がゆたかになる。アイディアさえ得られれば、作り方のほうはあらためて本を見ればよいのだから、初めに読むときにいちいち覚えておく必要はない。

実際に作ってみて気に入った料理のレシピは、外国語なら日本語に、日本語でも自分自身の言葉にホンヤクして、ノートブックに書き込んでおこう。このノートブックはケチケチしないで、一生使えるような立派なものを買う。これは孫子の代まで伝える財産になるかもしれないものなのだ。

読む、作る、味わう、気に入る、そして書くの五段階を経てノート入りした料理がしだいに数を増すにつれ、そのノートの主は料理人としての貫禄を増していくだろう。

また、レストランや友人の家で食べた料理が気に入ったときはなるべく材料や作り方を聞き出してメモを作り、新聞雑誌で興味をそそられた料理記事は切り抜きにして、それぞれレパートリーブックの控えに入れておくとよい。

一つ一つの料理録にはたっぷり余白を残しておこう。しばらくして再びその料理を作るとき、量を違えてみたり、材料を変えてみたり、新しいくふうを加えてみたりすることもあるだろうから、その記録を余白に書き加える。こうして改良や洗練を重ねていくにつれて、その料理はいよいよしっくりと自分のものになり、親密なレパートリーとして定着するだろう。

……というのは私の願望であって、実は私自身はそんなノートを作るには不精すぎる人間だった。いつも記憶と勘だけにたよっているから量目はなんともアヤフヤな当てずっぽうで、このままではとても人さまには教えられない。目分量で料理できるのは便利なことだが、やはり背骨になる虎の巻をたくわえておくべきだったと後悔している。こういうことには初めが肝腎《かんじん》なのだ。

モリュー・ベシャメル・オ・グラタンなら失敗しても挫折はしない

「志を高く持ち、まずむずかしい料理を征服すること、料理の本を文庫本の小説みたいにズラズラ気楽に読み流す習慣をつけること、趣味に合った料理の実験データや興味をそそられたレシピを収集したレパートリーブックを持つこと。あなたのお説教の要点はこの三つね。これくらいのことなら私でも実行できそうだわ。さあ、さっそくロートレックの料理を作りましょうよ」

「さて、どれにしましょうか。私にとってもこれはまだ未踏の本だからワクワクするわ。でも、さっきも言ったように、志を高くするのもほどほどにしなくちゃね。それで私はアタックできそうな料理を選ぶにあたって、それを一読してどんなものができるかというイメージが生き生きと浮かぶこと、そしてこれはおいしそうだなと食欲をそそられること、この二つの条件を満たすことを、一応の目安にしているの。それからもちろん、材料や道具が調達可能であることもね。だから、〝羊一頭の野外焼き《ムートン・アンティエ・ロティ・アン・プレネール》〟とか、〝鵞鳥の脂漬けゼリー固め《ガランテール・ドラ・コンフィ・ドア》〟とか〝野兎の巣ごもり風、オリーブ添え《ラパン・ドゥ・ギャランヌ・オ・ジット・エ・オー・ゾリーブ》〟なんてのは、さしあたって読むだけの楽しみ」

「〝牛肉のドーフィネ地方風蒸し煮《ブフ・アン・ドーブ・ドュ・ドーフィネ》〟ってのはどう」

「えーと、10人分として豚の足4本、子牛の足1本、豚の皮12包み、にんじん2キロ、ちょうじを刺し込んだトマトと玉ねぎ1個ずつ、牛の舌1枚か子牛の頭1個か鶏1羽、トマトコンソメ500グラム、濃縮肉汁60グラム、赤ワイン3本、白ワイン1本、コニャックコップ1杯、牛のランプ2キロ……これはひどい、調達不可能ではないけど豪勢すぎるわ。うちはロートレック伯爵《はくしゃく》家じゃないんだから破産しちゃうわよ。それにこれ読んでいったいでき上がりのイメージが浮かぶ？　浮かばないでしょう。これは過ぎたる大志の好例ね」

　結局、私たちは〝たらのベシャメル・ソース焼き《モリュー・ベシャメル・オ・グラタン》〟と〝子牛肉の白ワイン煮《ヴォー・オ・ヴァン・ブラン》・ブルゴーニュ風《ドゥ・ブルゴーニュ》〟の二つを選ぶことにした。これなら近くの市場で簡単に材料がそろう。

「見るからに魅力的な献立だけど、ほんとに私がこんなもの作れるのかしら」

「たぶん作れるわよ。まあともかく忠実に書いてあるとおりのことをやってごらんなさい。爆弾の調合じゃないんだから、失敗したところで生命に別条はありゃしないしね。それに、もし処女作をハムエッグにして挫折《ざせつ》したら立ち直りがたく屈辱的だけど、モリュー・ベシャメル・オ・グラタンを作りそこなったというならユルセルんじゃない」

「なるほど、自尊心の救済法まで配慮してあるわけね」

「そう、だから安心してとりかかってください。とりあえず台所と道具と調味料は私のを使っていいわ。あなたのとこは何もないものね。台所の設備投資をバタバタあわててやるとロクなことないから、それはいずれじっくりと計画的にとりかかることにしましょう」

♛ ドクターの祝福に満ちたスタート

結果を言えば、彼女の処女作は上々のできばえだった。ロートレックが味をみたって文句は言わなかっただろうと思う。

この記念すべき〝初産〟には、ちゃんと立会人も呼び集めておいた。「ロートレックの華麗な情熱をしのぶフランス料理の夕べ」などと銘うてば、おっとり刀ではせ参ずる食いしんぼうの仲間には事欠かない。料理人の名前を特に秘してあるところなどもミステリアスで、誘惑的である。

「大丈夫かなあ、人なんか呼んじゃって」

「かのやんごとなきマリー・アントワネットの初出産なんて、分娩室にしつらえたひな壇に当時の名士がキラ星のごとく居並び、威儀を正して皇子の誕生の瞬間を見守ったのよ。こういうことはなるべくものものしくやったほうが晴れがましくていいんじゃない。あなたも高年初産婦なんだからうんとおおげさに張りきったほうが、引っ込みがつかなくなって、一気にミチがつくと思うわよ」

さて当夜の客は高校以来の仲間たち。グラフィックデザイナーのKは、九十歳の祖母以下女ばかり三代そろった女系家族で伝統的な日本の家庭料理をみっちりと仕込まれている貴重な存在だ。一方、フランス料理の文献あさりを好み、このところぶどう酒に狂的に凝っているので、私たちの宴会には彼女が酒番をつとめる。翻訳家のYは、やたらと飲んべえが集まりやすいサロンの女主人として酒の肴《さかな》の早作りを能《よ》くするかたわら、なぜか近ごろ菓子作りに精を出し、この日もデザートのタルトを作って持参してくれた。主婦のMはOL時代、私に誘われて中国人の家庭へ中国料理を習いに行った相棒だ。私は数回で脱落したが、彼女は数年間通い抜き、そのとき作ったノートをもとに、今は近所の主婦相手の料理教室を開いて小づかいをかせいでいる。もう一人の主婦Nは遊びに遊んだあげく、遊び仲間の一人と駆け落ち結婚して親を嘆かせたが、今は気味が悪いほどまともなマイホームを営み、勘当も解け、親や姑のところへ自家製のぬか漬けや干物や果実酒をせっせと届けては喜ばれているという転向者。働きざかりで宴席の多い亭主から気に入った料理の内容を寝物語に事こまかに聞き出してはみごとにコピーしてしまうマタ・ハリ的料理人でもある。

「ドクターがこないなんて珍しいわね」と、集まった四人が顔を見合わせたところで、「実は本日のシェフこそがそのドクターなのであります」と台所の扉をあけると、あのゆで卵ひとつ作ったことのないドクターがカッポウ着に身を固め、真剣な表情でオーブンをのぞき込んでいるという信じられない光景。

一同しばし唖然茫然《あぜんぼうぜん》である。

いささか悲壮な面持ちでテーブルに着いた客の面前に、意気揚々と処女作の皿をささげてくるドクターの晴れ姿。そして数分後には、賛嘆の嵐。「おいしい」「すごいわ」「本物よ」「現代の奇蹟《きせき》だわ」

こうしてドクターはすっかり面目をほどこし、この上もなく祝福に満ちた誇らしいスタートを切ったのである。

食いしんぼうの恋人を持てば理想的

「これで自信がついたでしょ」

「うん、ほんとに、やってみればできるものなのね。でも、ずいぶんややこしい仕事だとは思ったわ。患者の内臓をひっかきまわすほうが簡単だなあ」

「きょうはとりわけややこしいものを作ったんだもの。なにも年がら年じゅうこんなに手間ひまかけてることはないのよ。もっと簡単な料理がいくらでもあるわ。こんなややこしい料理ができたあなたに簡単な料理ができないはずはないんだから、どんどんためしてごらんなさい。このロートレックの本はいささか芸術的でこまかいことまで書いてないから、ところどころ私の助言を必要としたけど、普通の料理書なら、塩は幾さじとか、焼くのは何分とか、量や時間をいちいち指定してあるからあなた一人でも大丈夫よ」

「アルファベットとか基礎文法みたいに、まずあらかじめ心得ておくべきことはないの?」

「あるといえばたくさんあるけど、あなたは小学生じゃないんだから、ABCのチイパッパから始めるのは似合わないのよ。だしのとり方とか、野菜のむき方、刻み方とかいった基礎技術は、それだけを切り離して習うのは味気ないものだもの。辞引きを座右に置くように料理の基礎百科といったたぐいの本を台所に備えておき、わからないときにそのつどのぞけばいいでしょ。基本というのはどうせあらゆる料理の過程に組み込まれていることなんだから、ともかくシャニムニ料理を作っているうちに、しだいにコツが身につき、基礎が固まっていくものよ。

私の英語なんてまさにそうだったわ。個人的状況からにわかに何がなんでも英語を使わざるをえなくなり、やみくもに片言のブロークン・イングリッシュで人生の大事にかかわるコミュニケーションを果たしているうちに、いつの間にか、反射的に口が動くようになり、本を読めば読めてしまい、タイプに向かえば手が動くようになっちゃった。文法なんて全然やったことないけど、大自然の法則を肌で知るような感じで、英語の法則もなんとなくだいたい体得してしまったみたい」

「つまり、あなたの場合はアメリカ人を恋人にしたおかげで英語が身についたというわけだから、料理がうまくなるには食いしんぼうの恋人を持つことでしょうね」

「そのとおり。何をするにしたって、それを喜んでくれる人、必要としてくれる人があってこそ努力のしがいもあるというものよ。でも、必ずしも恋人でなくったっていいでしょ。私たちは皆あなたの躍進を熱烈に期待しているのよ。これからは月に一度ぐらいはディナーパーティを催して私たちを呼ぶべきね」

ドクターの特訓はどうやら順調なすべり出しである。

二章

台所道具とは婚前交渉を

台所づくり

♛ 女の自立は台所の自立から

私がほんとうに料理好きになったのは、二十歳を過ぎて親元を離れ、アパートに独立して自活し始めてからである。木造の安普請《やすぶしん》の四畳半で、半畳の板の間に洗面兼用の小さな流し台とガスコンロが一つというささやかな台所がついていた。実家の台所から見れば、二十世紀が突然縄文土器時代に逆戻りしたようなものなのに、私にはこの台所のほうがずっと快適に思われた。

ともかく、これは私の台所なのだ。母ではなく私が、この台所のボスなのだ。それはなんと気持ちのよいことだったろう。

私は別に母と仲が悪かったわけではない。母は私にとって最も楽しい料理の師匠であり、だれよりも好みの合う食いしんぼう仲間でもあった。それでもやはり、もう子供ではない女が母の秩序によって支配された台所に属するのはうっとうしいものだ。ボスの口出しや手出しが多すぎればうっとうしいのはもちろんだが、たとえ一人で気ままに料理をするにしても、その台所が自分のものにはなりきらない。親の車をかってに乗りまわしてもほんとうのオーナードライバーの気分にはならないのと同じことだろう。ものの置き方しまい方にも、人それぞれの好みやクセというものがあり、好みを通しクセをつけてこそしっくりと身に合うのである。自分自身の台所を持ち、自我を確立するのは、一人前の料理人として自立するための基本条件だと思う。

権力志向というのはあまりよく言われないものだが、料理人は断固たる権力者であるべきなのだ。姑ががんばっている家へはいったお嫁さんの台所生活というのは、たいてい権力闘争とともにスタートするわけだから、これはずいぶんとシンドイことだろうとご同情申し上げる。これだけは私には経験のないことなのでとやかく言いにくいが、一つの台所に二人の権力者が共存共栄しうるかということには、私はかなり悲観的である。

私にとっての成人式とは?

しかし、私は幸いだれの権力を奪取する必要もなく、一人でささやかな新天地を開いて独立することができた。半畳の板の間でも、そこは限りない可能性をはらんだ私の城だった。

もっとも、その後の十数年は私の戦国時代で、次々と出世しながら城を移した時期もあるかと思うと、落城また落城でついに浪人して諸国を放浪という時期もあり、台所太平記などとても書けない有為転変の生活だったが、ともかくひとたび一国一城の主としてとり組んだ料理の手ごたえは、一人前の生活者になったという自信を私の中に根づかせてくれた。

根さえしっかりしていれば、どんな環境に移植されてもなんとか順応してそれなりに枝を伸ばすこともできる。自分の台所を失って友人の家を転々と居候《いそうろう》していたアメリカ放浪時代でも私はけっこう方々で行きずりの台所仕事に励むことができた。

ともかく一度自立して自分の台所を持ったことが、私にとっての成人式だったのだ。オトナの自由と責任を自覚し実体化するために、これは最上の成人式だったと思う。

多くの女性の場合、この成人式は結婚式と抱き合わせで行なわれる。結婚というのはさまざまな要素がごった返す生涯の大事件なので、台所の独立というそれ一つだけでも十分に生涯の大事件である事柄が、十把ひとからげに扱われがちである。なるべくなら、結婚騒ぎに巻き込まれる前にまず自力でこの成人式を迎えておいたほうが、城主としての主体性をじっくり育てながらきめこまかい城づくりに励めると思う。

♛ 台所道具とはせっせと婚前交渉を

しかし日本のめちゃくちゃな住宅事情や癒着《ゆちゃく》した親子関係を考えると、すべての若者に親からの独立を説いても現実性がない。やはり独身時代は部屋住みということになるのだろうが、それならせめてその間に親の台所の長所短所をよく研究し、自分の台所ならどうするとか何を使うとか、好ましいインテリアや器具道具のそろえ方を十分に考えておくことである。そしてぼつぼつと自分用の道具を買い集めて、親の台所でも道具だけは自前で料理を作り、よく使い込んだ道具を嫁入りに持参すればよい。何もかも新品のピカピカ台所で新婚生活を始めるのは、買いたての靴でハイキングに出発するようなものだ。何がなんでも処女のまま初夜を迎えるという純潔主義はそれなりに一つの見識で必ずしも悪くはないと思うが、台所の相棒として末長くつきあうべき道具類とだけはせっせと婚前交渉に励んでおいたほうがよい。とりわけ包丁とフライパンははえ抜きの忠臣であることが望ましい。

私は独立が早かったので、あらかじめ手勢をたくわえて訓練をほどこしておくだけの余裕がなく、単身丸腰で家を出るところだったが、母がはなむけに長年使い込んだ大貫禄のフライパンを一挺《ちょう》お供につけてくれたので、弁慶を伴った義経のように心強く新しい城に乗り込むことができた。どっしり重い鉄のフライパンは、半畳の粗末な台所には不似合いなほど堂々たる風格をみなぎらせ、〝貧するとも鈍することなかれ〟といつも私をヘイゲイしていた。チャチなインスタント料理ばかりでは承知しないぞという面構えなのである。

♛ ヨソ者にもはいり込めるキレイな台所を

私は毎晩料理にいそしみ、特に週末は友だちを呼び集めて本格的に腕をふるった。経済的にギリギリの自立生活だったので宴会の材料費は会費として徴収したが、それでも外で集まるよりはるかに安上がりだし時間おかまいなしにくつろげるとみな大喜びだった。そして「私も断然自分の台所を持とう！」という仲間が続出し、彼女たちも次々と〝成人式〟を迎えていった。

その最後の一人であったドクターも、ロートレックの美食の再現に成功して俄然《がぜん》自信をつけたのを機会に、台所の整備を志して相談にやってきた。

「なにしろスッカラカンになんにもないのよ」

「そのほうがむしろ始末がいいわ。いまや贅肉《ぜいにく》がつきすぎて爆弾でも投げなきゃどうしようもないくらい醜怪な台所がいっぱいだもの。あなたのところはああならないように、賢く抑制のきいた台所づくりをしていただきたいわね。ところであなたは、キレイな台所とキタナイ台所と、どっちが好ましいと思う?」

「もちろん、キレイなほうじゃないの」

「それが必ずしもそうじゃなくて、キタナイ台所のほうを信用する人が少なくないのよ。台所がいつも整然と片づいていてピカピカにみがきあげられているのは、そこで料理らしい料理など行なわれていない証拠だというわけ。ジャカジャカごちそうを作れば、油が飛び、汁がこぼれ、粉が散り、鍋や道具がごった返し、流しにはよごれものが山をなす……という修羅場になるのが当然だって。私もこの説にはかなり同感するところがあるわね。アメリカの台所の多くは、まさにそのピカピカの権化《ごんげ》だけど、そこでどんなに簡略で粗末な食物しか作られないかというのは周知の事実。一方、うちの近くの中華街でいつも客が列をなしている人気店はどれも小さくてきたならしくて、その炊事場なんてうっかりのぞいたら食欲を失うほどひどい場所よ」

「なるほど、じゃああんまり台所はキレイにしないほうがいいわけね」

「いや、私自身はそれでもやはりキレイな台所が好きなのよ。ピカピカの台所から粗食が生まれるのは料理人の無能や怠惰のせいであって、台所の責任ではありませんからね。ピカピカを維持することばかり気になって料理がおっくうになるということは確かにあるとしても、そういう人がキタナイ台所なら安心して伸び伸びと料理を楽しむとは思えないわ。なおのことおちつけなくて、何をする気も起こらないんじゃない。私はアメリカ的な台所がいちばん好きよ。それはやはりキレイで便利でスッキリと合理的な環境のほうが居ごこちがいいし、意欲的になれるわ。アメリカの家庭をずいぶんまわったけれど、初対面の台所でも理不尽な暗がりがまったくないから、スッとはいっていってすぐさま活躍できる。ところが日本でヨソの台所にはいったりしたら、手のつけようもなく茫然《ぼうぜん》と立ちすくむだけよ。その家の主婦の個性が立ちはだかってヨソ者を受けつけないというのならいいことなんだけど、あの毒気は個性なんて立派なものじゃないんだな。古女房の古台所というのはチミモウリョウのうごめく気配ウッと胸を圧《お》す伏魔殿なのよ。あれでは亭主子供さえ足踏み入れる気がしなくなるのは無理もないと思うわ」

「でも伏魔殿なんていうほうが、なにやら複雑なおいしいごちそうが出てきそうな感じだけど」

「そのチミモウリョウどもを主婦がバッチリと飼いならしていればね。昔はそういう悪魔的《デーモニッシュ》な貫禄を備えた主婦が多かったから、台所は神秘の魔女工房《ウィッチス・ワークショップ》として畏敬と信頼を集めることができたのよ。さっき言ったキタナイ台所の支持者が思い描くのは、つまりその魔女工房なのね。何十年前から住みついているのかわからないすすけたかまどや、黒光りした鍋やすり減ったしゃもじでウッソウとした台所に、主婦も位負けせずドシーンと居すわってた。ところが近ごろの主婦は貫禄が薄れるばかりで、まるで台所に抑えがきかない。お化けを飼いならすどころか、圧倒されて小さくなってしまうのよ」

「でも、そのかわり明るく現代的な台所には、そんなお化けも影をひそめるんじゃないの」

「ところがその反対。物質文明の急展開でいよいよ安易にお化けが大増殖し始めたのよ。電気お化け、プラスチックお化け、インスタントお化け、新案お化け、バーゲンお化け、贈答お化け……と、もうゾロゾロザワザワひしめいて収拾がつきやしない」

オバケになりやすい「ナントカ・セット」「引き出物」

このお化けの第一陣はたいてい結婚のドサクサにまぎれて忍び込む。浮世の義理でしかたなくという結婚祝いに多いのは、見てくれ第一のナントカ・セットのたぐい。めったに役には立たないが、晴れがましい記念の品だけに処分もされず戸棚のヌシになる。

同じ結婚祝いでも、アメリカのブライダル・シャワーというのは実用的な習慣だ。心きいた幹事が花嫁の要望を聞いたうえで「台所のプラスチック・ウェアは私のグループでそろえるわ」とか「バスルームのタオルとマットは私たちにまかせて」とか、新生活用品の買い物を分野別に一括して引き受けてこまごまとリストアップし、色やサイズを系統的にそろえて買いととのえる。一つ一つでは結婚祝いとしてささやかすぎる日用雑貨も、ワーッとおびただしく一堂に会するといかにも祝福のシャワーが降りそそぐという感じの贈り物になり、華やいだ雰囲気が盛り上がる。こうして初めから合理的な秩序のもとにこまやかに役割をふられて勢ぞろいした道具なら、お化けにはならない。

しかし日本の台所には、結婚祝いをはじめ、結婚式の引き出物とか中元歳暮の贈り物とか、受け手の好みや必要への配慮などほとんどないよけい物が次々と送り込まれる。とりわけあの引き出物というカサばかり大きいガラクタは迷惑なしろものだ。とても恥ずかしくて人前には出せないほど悪趣味な菓子鉢でも、新郎新婦の名前など麗々しく刻み込んであったりするとヨソへ横流しはできないし、犬の餌入れにするのも心とがめるからとりあえず戸棚の奥にしまい込む。そこにはすでにいろんな箱がふてくされた様子で場所をふさいでいる。なんだっけとのぞいてみると、紅白の砂糖のかたまりとか、銀のナプキン・リングとか、以前にやはりとりあえずしまい込んだものばかり。たぶん永久に出番が来ることはないままにふえつづけるこのお化けたちが、日本の台所をどれだけ重苦しくしていることか。

♛ 新案特許オバケ、景品オバケに弱い主婦

こういう他動的なモノの増殖に加えて、主婦たちはみずからもまたどんどんモノを買い集める。家事に熱心な主婦も、逆にものぐさな主婦も、ともにヨワイのが「新案特許！ これは便利！」のうたい文句である。「これさえあれば、あらゆる切り方刻み方が自由自在のマジックカッター」とか「幾様にも使える万能鍋」とかいったたぐいにすぐ飛びつき、魔法の道具でも手にいれたように意気揚々と持ち帰るが、いざ使おうとするとアラ不思議、けっしてデパートのデモンストレーターがやって見せたようにはうまく行かないものなのだ。だから、たちまちこれも戸棚の暗がりでお化けの仲間入りである。

堅実であることを自認する主婦は、バーゲンとオマケにヨワイ。「出血大奉仕！ 千円の

文化鍋を半額で特別提供！　本日限り、先着順！」などとはやし立てられると、それを買わなきゃ五百円のトクをしそこなうのだという気持ちにとらわれ、アタフタといりもしない鍋を買い込んだりする。また、「ナントカ・セール中のご来場者には漏れなく記念品贈呈」なんて惹句《じゃっく》は必ず目にはいり、わざわざ交通費と時間をかけて用もないデパートに遠征したあげく、ついついよけいな買い物をさせられる。その釣り餌の記念品たるや、せいぜいプラスチックのしょうゆさしとか、ビニールのエプロンといったたぐいの子供だましでバス代ほどの値打ちもないのだが、タダの魅力というのはあらがいがたいものらしく、どこの台所にもこの種の景品くずれがゴロゴロしている。結局、役にも立たぬままやがて油じみホコリにまみれていくこのうらぶれたお化けたちが、どれほど台所のスラム化に貢献していることか。

♛ すさまじい色がわめき合う日本の台所

こうしてモノあふれる台所をさらにうるさくしているのはすさまじい色の不調和である。衣装のとり合わせなどにはかなりいいセンスを見せる女たちが、どうして台所の美学にはこうも投げやりで無神経なのか。近ごろの台所雑貨は圧倒的にプラスチック製品が多いが、日本ではその色がなぜかだいたいけたたましく非協調的なのだ。それでもせめて一色に統一してあればともかく、ゴミバケツは青、水きりかごはピンク、たわし入れは黄色……と、相いれない色が狭い空間にツノ突き合わせてわめき合う。

そのうえ冷蔵庫の扉にゴテゴテとイラストをつけるメーカーまで現われた。堅気の主婦が背中一面に入れ墨をするようなもので、とても正気の沙汰とは思われないが、けっこう喜んで買う人がいるようだ。負けてはならじと、炊飯器も魔法びんもトースターも調味料入れも絵だらけ色だらけの満艦飾になり、今では無地のものをさがすほうがむずかしい。

日本人が外国人より美的感覚の劣る人種だとは思わないが、〝住〟に関する限り、日本は今のところ世界でも類がないほど醜悪な混乱の中にあるようだ。開国百年を過ぎても、いまだに西洋の住文化の移植には成功していないのである。本物にはほど遠いチャチなまがいもの〝洋式〟が、樹脂加工でいよいよ軽薄になり、団地サイズで一段と矮小《わいしょう》化した結果、洋とも和ともつかない確かに日本独特のスタイルができ上がったが、これを日本の近代化の申し子として認知するのではあまりにも情けない。だからといってほかに跡継ぎがいるわけでもない。日本の伝統的住文化は無残に衰退してしまった。今どき本格的な日本建築などというものは途方もないぜいたくに属するし、腕のいい職人の手作りの家具や道具は貴重な芸術作品としてうやうやしく鑑賞させていただくものとなり、日常生活で気軽にこき使える感じのものではなくなってしまった。

♛ ふるさと的ガラクタより現代文明の産物を

しかし、みごとに洗練された日本の民具の魅力は捨てがたいから、せめて古道具でもと思ってさがしてみると、これがいまや古道具というより、なにやらもっともらしい骨董《こっとう》品である。かつての庶民が裏長屋でジャボジャボと使い古した名もない漬けもの壺やそばちょこや長火鉢を、今の庶民は宝物のように買い求めなければならない。

それもよいものは目はしのきく外人にいちはやく持ち去られ、今は値ばかりつり上がった安手の残り物に「ディスカバー・ジャパン」かぶれの若者が群がり、「ワァ古い、わあ手作り、これが日本ね。ふるさとね」とたわいもなくうれしがる。三文の値打ちもなかったであろう見るからに粗雑な作りのガタピシの古道具まで、新品よりはるかに高い値をつけてふんぞり返っている古物市のバカ景気に、私はすっかりあいそをつかしてしまった。

いくら古くなったってガラクタはガラクタなのだ。古いということ自体によけいな支払いをする趣味はないから、私はもういたずらに懐古的になるのをやめ、「プラスチックなにが悪い、大量生産けっこうじゃないか」と思い直したのである。

どのみち、いまさら江戸時代に戻れるわけではないのだから、現代文明の産物をしっかりと見すえて主体的な選択で使いこなしながら、自分の生き方に最も適した生活様式をはぐくんでいくよりほかはない。

♛ 美意識に自信がなければ衝動買いをしないこと

ところがその選択眼というのが、日本では全くたよりないことおびただしいから、選択の幅が広がるほど結果は悪くなる。とりわけ先ごろの高度成長期のうわずった消費熱は、ひどく軽薄で抑制を欠いたものだったから、ほとんどの家々は混乱をきわめたチミモウリョウの巣窟と化したのである。

雑然といろんなモノや色がごった返すということは必ずしも悪いことではなくて、とんでもないガラクタで足の踏み場もない芸術家のアトリエなどは、その空間自体が芸術作品のように魅力的に見えることがある。そこに集められたものは、一見めちゃくちゃに無秩序なように見えても、部屋の主の美意識というフィルターにかけられているから、まるで異質なもの同士が渾然《こんぜん》と調和して一つの個性をかもし出す。

しっかりした美意識の持ち主は、どんなにチャランポランに欲望にまかせた買い物をしてもなしくずしにモノをふやしても、全体のトーンを破壊することなく、自由に調和の綾を編み広げていくことができるのである。しかし美意識に自信のない人は手当たりしだいの買い物などしないほうがよい。ブライダル・シャワー式に、計画的に系統立てた買い物をすることだ。

といって、よく新聞のチラシにはいってくるナントカ頒布《はんぷ》会というお仕着せセットに身をまかせたりするのは安易すぎる。あのたぐいはだいたいに悪趣味で、ごはん茶わんからさしみ皿から湯飲みから何から何までこのチャチャチな絵柄の繰り返しで食事なんかしたら、夢の中でもゲップが出てうなされるだろうと思われるようなしろものが多い。

台所の主体はあくまで料理

それに、セットというのは一部がこわれても補充がきかないから、一蓮托生《いちれんたくしょう》ではんぱ物への道を歩むことになる。台所用品や食器というのは飾り物ではなく消耗品なのだから、いつでも欠けたものだけ補充できるように、ストックの安定した商品を選びたい。

また、台所用品というものは、それだけで完結するのではなく、さまざまな料理を主役として送り迎えする舞台装置であり脇役なのだ。だから台所用品自体はなるべく中立的で簡素なものにしておいたほうがよい。料理によってこそ最も美しく彩られる台所であってほしい。初めから色見本みたいな台所では料理の色が冴《さ》えなくなる。

しかし、ニュートラルとはいっても白とは限らない。病院と台所は白かどぶねずみ色という発想はもう古い。色見本では困るけれど、台所も明るい彩りを持ったほうがよい。まっかかな台所というのも気分がはなやいでいいものだし、あたたかいオレンジ色や黄色の台所も陽気で楽しいし、渋いグリーンや茶色でまとめた台所のおちつきも魅力的なものだ。ただしテーマカラーを定めたら、それ以外の色に浮気をしないことである。わずかに他の色を加えるとしても、必ず基調色との調和を厳格に配慮しなければならない。

モノを持つことより持たないことに努めるべきである

私は台所の美学にばかりにこだわりすぎると言われるかもしれないが、それはこれまであまりにもおろそかにされてきたことなので今こそ大いにうるさくこだわるべきだと思う。日本の住環境の改革ということになるともうほとんど絶望的だが、その中でせめて台所ぐらいはなんとかしたいのだ。家庭の心臓にあたる最も重要で生産的な仕事場を、雑然とうすぎたない裏部屋にしておく限り、家庭生活は文化になりえない。

と、えらそうなことを言いながら、私自身実はまだきわめて粗末な台所の主人でしかない。数年前にアメリカから無一物無一文で引き揚げてきたとき、とりあえず親や友だちの家から不要品やはんぱ物をもらい集めて間に合わせた応急台所で今もなおがんばっている。しかし私にはもう〝理想の台所〟のイメージがちゃんとでき上がっているので、現状が貧しくても心貧しくはならない。「今に見ていろウチだって」と、いつかイメージどおりの台所を持つ条件が熟する日を楽しみにしていられるから、いまさらなまじっか手直しをして中途はんぱにモノをふやすより、今のところはいっそ禁欲主義に徹しているほうがさわやかなのだ。

どうしても必要なものだけは買うが、もちろん未来の台所を念頭においてその一員たるにふさわしいものを気むずかしく選び抜く。それはたぶん一生つきあうことになるであろうものだから、私の能力が及ぶ限りにおいて費用は惜しまない。

まずのっけにむずかしい料理にとり組んでみるという乱暴な台所入門法を私はすすめたが、台所道具についても同じ発想で、思いっきり上等な〝一生もの〟を一つでも二つでもとにかくシャニムニ手に入れてしまうと心の励みになり、台所運上昇のおまじないにもなるだろう。

しかし原則としては、モノを持つことより持たないことに努めるべきである。

私の友人のある中国人は、「引っ越し祝いに晩飯ごちそうする」と、まだガランドウで何もない私の家の台所に乗り込み、みずから持参したまないたと包丁と中華鍋の三点だけで、揚げもの、焼きもの、炒めもの、煮もの、蒸しもの、スープにデザート……と中華料理のフルコースをみごとにこしらえてくれたことがある。確かにこれだけでも事足りるのだと、私は目を洗われるような思いがした。

とはいえ私たち凡人には、もう少しあれこれと助けてくれる道具があったほうがよさそうだから、それはあとでリストアップする。

♛ エブリシング・アンダー・マイ・コントロールの気持ちでいこう

さて、そろえるべきものをそろえた台所でも支配を誤ればたちまち混乱に陥る。台所に関する限り私は無政府主義に反対で、整然たる管理社会にヒトラーのような独裁者として君臨したいと思う。よけい者は容赦なく焼却炉に送る。整頓と清潔をムネとして放縦と不潔をきびしく取り締まる。国民総背番号制的発想も台所では悪くない。どれだけのものがどこにどういう状態で存在するかを独裁者の胸三寸に完全に把握して自由自在に駆使できるようでなければならない。戦争映画かなにかで凛々《りり》しい将軍が「エブリシング・アンダー・マイ・コントロール」とさりげなくつぶやいたりする感じが私は好きだ。

管理社会化が進むほどに独裁者は自由になる。管理社会には情緒がないと言われるかもしれないが自由な独裁者ならいくらでも情緒的に奔放な政治、すなわち料理を楽しめるのだ。

魔法の力がわいてくる台所作戦の立て方
――何をどうそろえればよいのか

台所をどう整理したらよいかという具体策を列挙してみよう。

まず流しは、食器洗い専用の槽が別になった二槽式が理想的で、調理の途中に次々と出るよごれ物をとりあえずどんどんほうり込んでいけるから、いつもすっきりした気分で働けるが、まあ、そうぜいたくを言ってもいられない。私の流しもまだ一槽なので、よごれ物はゴッタ返さないうちになるべく小まめに片端から洗って水きりかごに上げながら、料理を進めていく。このかごはできるだけ大きなものにしておきたい。

ガスレンジの口は大小合わせて三つはほしい。安アパート時代は一つしかない火を順ぐりに使ったので、幾つもの料理を同時に仕上げてすべてを熱い状態で食べるというわけにいかないのが、なによりもくやしいことだった。

それから、オーブンもぜひほしいものの一つ。私は保守的な意地で昔ながらの手かげん式オーブンを買ってしまったが、目盛りさえ合わせておけば希望の温度になるサーモスタットつきのオーブンにしておくほうが賢かったと思う。特に料理の本をたよりにするときは４００度で30分とか温度と時間の指定がある場合が多いので、それに従うほうが安心だろう。

ともかくオーブンがあるかないかで料理の幅がたいへんに違ってくる。間借り暮らしのひとり者でもせめてオーブントースターぐらいは持とう。これでも一人分のグラタンやクッキーはできる。

♛

電子レンジはどうでもいい、場所とお金が余っている人が買うのは止めないし、これもないよりはあるほうが便利であることは確かだと思うが、私はオーブンがあれば十分である。

電子レンジの効用は、料理を作るのではなく、冷めたものを暖め直すことにあるようだ。毎夜おそく帰って「メシ食わせろ」と言うような亭主を持つ家で、電子レンジが大いに重要な役割を演じているであろうことは十分に想像がつくが、しかしなぜ一瞬のうちにごはんが暖まる必要があるのだろう。だいたいだれでも帰宅したら、まずは着替えるとかひと風呂浴びるとかしそうなものだ。食事までに10分や15分の間はあるだろう。それなら普通のオーブンや、ほかの道具を使ったって間に合うではないか。それになるべくなら、作りざましを暖めるより、そのとき新しく焼いたり煮たりしたいものである。特に焼きざましなんて絶対許しがたい。夜まで一生懸命働いて帰ってきた亭主が、蝿帳かぶせた冷たい焼き魚に迎えられたりしたら、茶ぶ台足蹴《あしげ》にしてひっくり返してやりたくなる。焼き魚に限らず、だいたいの料理は、下ごしらえさえしておけば最後の仕上げぐらい、暖め直しと大差ない手間と時間でできるはずである。食事のしたくはいっぺんですまそうなどという貧乏ったらしい根性を助長するような〝電子暖め直し器〟には、どうも好意を持てないのである。

「冷凍食品を急いで解凍するときには電子レンジがあってよかったと思うわよ」と言う人もいるが、まぎわになってバタバタとかそうとする無計画がいけないのだ。私は今夜あたりそろそろ使いたいなと思うものは朝出かける前に冷凍庫から出して夕方帰るまでに自然にとかしておく。

冷蔵庫は必要以上ぐらいに大きいものにしたい。冷凍庫のスペースも大きい2ドア式がよいが、私はそれでも足りず、冷凍専門の冷凍庫を買い込んだ。くわしくは他の章で書くが、私は冷凍習慣こそ、最近の台所における最も革命的な進歩だと思っている。いうまでもなく電気釜、あるいはガス釜も今では必需品である。

♛

大物はこれくらいで、次に小物に移ると、まず、まないたが2枚。これは昔ながらの白木の厚いものに限る。プラスチック製はとても切りごこちが悪い。1枚は魚や肉など生ぐさいもの専用で、その裏をねぎとかにんにくとかにおいのきつい野菜用にしておけばよい。もう1枚のほうで野菜やくだものを切る。これは、なるべく大きいものにしておくと、たとえば何かを切ってちょっとわきに寄せておいてから、次のものも……というように切りつづけて材料を一堂に勢ぞろいさせることもでき、ちょっとした調理台がわりにもできるから便利である。

包丁は、文化包丁などと称するあのなんでも切れる包丁が1丁と出刃1丁の2丁が最低限。なるべくならさしみ包丁も別にほしい。出刃というのは、骨つきの肉などをぶった切るのに絶対必要なものだ。

そして、いささか手入れがめんどうでも、包丁はステンレスより、とがないとさびるものがよい。包丁をとぐなんて……とおおげさに考える人がいるが、ちょっとぬらして砥石でこすればいいことで、慣れればなんでもない。そういうことをまめにやっていると確かに包丁の調子がよいし、また同時にこれには一種のおまじないのような精神的効果もあるようだ。常に包丁をとぐことは心をとぐことでもあり、台所のたしなみを維持するために精神をキュッと引きしめ直す儀式なのである。

♛

フライパンは厚手の鉄がよい。重いけれど、毎日ヨイショとフライパンを持ち上げるくらいの運動は、益こそあれ害はない。鉄のフライパンは始末をよくしておかないとさびるから、これにもとがなければならない包丁と同様の効用がある。

フライパンのサビを防ぐために、洗ったあと油をひいておけと教えてくれる人もいるが、油は必ず悪くなるし、虫がたかったりもするから、私はこの方法には感心しない。私はフライパンを使い終わってからガスをつけた上でお湯をさし、亀の子だわしで中をはげしく洗い、湯を捨ててまた洗い直してから、中をよくすすいで火にのせて、残りの水分を蒸発させ、乾いたふきんかぺーパータオルできれいにぬぐっておく。こうしてドライに熱処理しておけば、けっしてさびないし、次に使うときに油を洗い流したりする必要もなく、そのままポンと火の上にのせられる。これは中華鍋についても同じことである。

大きなフライパンと中華鍋のほかに、オムレツ用の小さなフライパンも一つほしい。

鍋は、深いスープ鍋と、煮もの用の平底鍋。これにはそれに合う落としぶたも買っておくこと。落としぶたは木のほうが感じはいいが、ニオイがつくので、私はステンレスにしている。それから厚手のシチュー鍋、そして手軽なゆきひらも一つ。これは煮もの、おつゆ作り、ミルクわかし……と使用範囲が広くたいへんに便利なものだ。

蒸し器もそろえておきたい。蒸し器に限らず、台所器具を買うときには〝大は小を兼ねる〟と言う言葉を忘れないこと。一人や二人の所帯だと、つい小さな蒸し器を買ってしまうが、家族や客がふえたらもう使えない。少なくとも五人分以上は蒸したり煮たりできる大きさのものを、初めから買っておくことだ。

♛

ボールは大中小の三つ。大は非常に大きいものにする。そしてステンレス製。ステンレス製はいろいろな意味で使いやすく、ボールをそのまま火にかけて鍋にも転用できる。特にこの特大ボールは、野菜やスパゲティを大量にゆでたりするときに、重宝なのだ。湯をいっぱい煮立たせてスパゲティをゆでたりしたあとのボールは、そのまま流しに置き、こんどはよごれた皿をぶち込んで洗い桶にする。

ざるは大と中の二つで、これもステンレスがアカがたまらず清潔でよい。

フライ返しはヘナッとしない頑固なものがよい。おたまじゃくしは、汁をよそうおたまのほかに、アクをすくいとるための浅いおたまも一つほしい。泡立て器と、鍋やボールについたものを、むだなくしゃくりとるためのゴムのヘラもあったほうがよい。調理用の長い木箸も3組ぐらい。

ふきんには、私は薄手の安タオル、つまりモコモコと毛の立っていないタオルを使っている。これがいちばんよく水を吸うし、やわらかくて使いやすいような気がする。あと、きゅうりを絞ったり、切りごまをたたくとき下に敷いて飛ばないようにするとか、直接食物に触れさせるふきんには、古来の和ふきんを使う。いずれのふきんもいつも真新しいものにして、白くなくなってきたらどんどん下へおろし、縫い合わせて台ぶきんや床用のぞうきんにする。こうして、ふきんを惜しみなく新陳代謝させるぐらいのぜいたくはだれにでも許される。

タッパーウェアの類も各種各サイズをいろいろとりそろえておきたい。材料や残り物を、その量にぴったり合った容器に入れておけば、ふれる空気を最小限に抑えられるから、それだけ保存状態がよくなる。

びんをあけてからまたぴったり栓をし直すための密閉栓もあると便利なものだ。

♛

いろいろと台所道具が進化しても、大根のおろし金だけはいまだに昔ながらの労力を要する原始的な形態のままだ。これをもう少しスイスイおろせるものを作ったら、亀の子だわし以上の発明で、まちがいなく百万長者だと思うのだが、なぜかだれも成功しない。数十人分の大根おろしがいるときヤケになってミキサーを使ってみたら、できたことはできたが、なんとなくザラザラと舌ざわりのよろしくない大根おろしになった。だから、今もしかたなく大根おろしにだけはハーハーフーフーと言いつづけている。

計量スプーンと、それからお菓子を焼くような人にはハカリもあったほうがよい。新案特許的な「これは便利」のたぐいはほとんど無用の長物だから無視してよいが、テコの原理でキュッとにんにくの汁を絞り出す、確かドイツ製のにんにく絞りだけは断然おすすめ物である。

以上で台所のひととおりの用は足りると思う。あとは自分の作りたい料理によって、いろいろと加えていったらよいだろう。グラタン用の耐熱皿とか透明のキャセロール、かたい肉でも早く煮える圧力鍋などが、たぶん、じきほしくなる。

消耗品では、竹串、サランラップ、アルミフォイル、ワックスペーパー、ペーパータオル、ゴミ用のポリ袋などが必ず常備しておきたいものである。

♛

最後にわざと言い残しておいた重要なことを一つ。それは油の処理の容器と手続きである。台所でいちばん憂うつなのは油を使ったあと始末だが、これこそが台所管理法の最も重要な問題点なのだ。上に網が張ってあり、そこへ用ずみの油をジャーッと注ぎ込んでおけばよいという油こし容器はいろいろと売られているが、あんなものにたよって安心してはいけない。ああいう油こし器の中の暗がりに押し込めてしまったら、その油の様子がわからない。油というのはきわめて不安定で腐りやすいものなのだ。ところがどういうわけか油はモチがいいものという錯覚に陥って、油の健康管理に無神経な人が多い。油はただでさえ酸化しやすいのだから、料理に使ったあとの油なんていよいよ酸化の条件に満ち満ちている。だから手厚くきめこまかい管理が必要なのだ。

私は油こし器ではなく、本来漬けものやみそなどを入れるものらしいほうろう製のストッカーを使い、これにステンレス製のこし器をかぶせて中古の油を注ぎ込む。ほうろうだから空気や光をさえぎるし、中が白いから油の色がよくわかり、油の状態を把握しておける。またこのストッカーは広口だから、手を突っ込んで洗える。この傍点の部分が油保存用器の三大必須条件である。

こういうストッカーを二つぐらい用意しておき、幾度も使ってだいぶくたびれた油と、まだ1〜2回使っただけのフレッシュな油とを区別しておこう。古い油は、タレをからめたものを揚げるとか、ひどく油がよごれるようなときに、惜しげなく使える。新しい油もちょっと古くなったら、古いほうへ下げていくようにして、段階別用途別に油と容器を使い分けることである。

そして、いいかげん使った油は、もう惜しまず捨てること。古いドロドロの油で揚げたものぐらいまずいものはない。

かなりしつこく書いたが、油の管理のよしあしは、その台所の主婦の能力を評価する基準として最も重大なものの一つであり、油をきちんとさわやかに始末している人は、料理人としても必ず有能な人であるといってもまちがいがないと思う。

♛

台所に常備しておく食料品としては、まず塩、しょうゆ、みそ、酢、砂糖、みりん、酒、小麦粉、片栗粉、油、バターなどが必需品。トマトピューレーとトマトの水煮も置いておいたほうがよかろう。

こしょうをはじめとするスパイスも近ごろは種類がいっぱい出まわっているが、この選択は好き好《ず》き。私の母は非常に熱心な料理人だが、「こしょう以外はほとんど使うとないわ」と言って、他のスパイスの収集にはあまり関心を示さない。確かにそれでも不都合はないのだが、まあいろいろそろっているにこしたことはないし、さまざまなエクゾティックな香料のびんがチマチマと並んでいるのをながめるだけでもシャレた気分になれるから、私は一応ひととおり買い集めてある。

その中で使用頻度の比較的高いものをあげると、こしょうは別格として、月桂樹の葉《ベイリーフ》、サフラン、オレガノ、タイム、セージ、ちょうじ、ナツメグ、パプリカ、バジルというところだろうか。ここでいちいち用途の説明をしてもいられない。お暇のおりに、食料品店のスパイス売り場にたたずんで、いろんなびんを手にとって効能書きを読みくらべてみることをおすすめする。たぶん、ちょっと珍しい料理を作ってみたい気分になることだろう。

こしょうは私は黒が好きで、粒のまま買っておく。こしょうひきでそのつど砕いて使うと、香りが断然違う。

そうそう、もちろんカレー粉もいる。ターメリックとかいろいろなスパイスを自分で配合することから始める本格的インドカレーを私もたまには試みるが、たいていは不精して既製のカレー粉を使ってしまう。もっともそう言ったら「カレー粉を使うのがなぜ不精なの」と友だちに驚かれた。近ごろのカレー作りには既製のカレールウをぶち込むのが普通であるらしい。いや、それどころか、袋のまま10分間煮立ててごはんにかければよいという既製カレーもテレビにしきりと登場する。人間どこまで不精になるのかと思うが、ともかく選択の自由の幅が広がるというのはよいことだ。

とうがらし、からし、ごまの東洋勢も欠かせない。生ものでは、まずにんにく、しょうが、それからレモンとパセリは絶やしたくない。季節によっては、しそ、みょうが、ゆず、さんしょう、三つ葉なども大事な香辛料だ。

パセリ、三つ葉、しそ、さんしょうなどは、植木鉢に栽培して窓ぎわにでも置いておけば、必要に応じて新鮮なものをチョビチョビ使えるし、〝観葉植物〟として台所の装飾にもなる。

びんづめではよくスモークサーモンについてくるすっぱいケッパーと、おつまみにも便利なオリーブがほしい。

それから中華料理用に、ごま油、かき油、八角も置いておきたい。

♛

あとは乾物で、出しこんぶ、わかめ、しいたけ、のり、ひじき、本節あるいは削り節など。干しえび、干し貝柱もなるべくなら備えておきたい。

カンづめ類ではコンビーフ、アスパラガス、さけ、まぐろ、スイートコーンあたりが、あるとなにかと便利。冷蔵庫にはベーコンとバターとチーズをいつもたくわえておこう。

♛

調味料や香辛料や乾物類などの保存食品は、不断の実用品であると同時に気分を引き立てる台所のアクセサリーでもある。家具にしたってその実用性もさることながら、家具の存在によって、そこがいかにも住まいらしく格好がついて気分がおちつくという効用が大きいのであり、台所の保存食品も同じことである。

昔、台所には妖精《フェアリー》が住みついていて、よい妖精は家の人のためにいろいろとよいことをしてくれるというお話を聞かされ、幼い私はそれを信じていたものだ。そういえばこれらの常備品は、台所に住みついた妖精のようなものかもしれない。だから彼女たちにできるだけ快適なねぐらを与えよう。

隅っこの暗がりにごしゃこしゃと突っ込んで置いたりせず、一つ一つ大事になるべくしゃれた容器に収め、それぞれが所を得た感じに並べておきたい。いつも絶やさないために、一目見て在庫の状況が把握できるようにしておこう。つまり、台所の管理者と妖精の気持ちがいつもこまやかに通じ合っていることが必要なのだ。

常住者がしっかりしていてこそ、そこへ入れかわり立ちかわりやってくるお客の肉や魚や野菜たちも快くその台所にとけ込み、楽しくにぎやかなパーティを、スムーズに繰り広げることができるのだ。

常住の妖精たちはだいたいに地味な存在だが、皆よく見るとそれぞれいかにも長年の風雪に耐えてきたらしい円満なよい顔をしている。新鮮な野菜や肉や魚の若々しい表情もいいけれど、干ししいたけとか、わかめとか、こんぶとかいったもののジジクサイ表情に漂う風格もなんともいえない。オブジェとしてながめても楽しいものなのだから、物陰にしまい込まないで、広口のガラスびんにでも入れて並べておこう。台所の風景が楽しいものになり、料理のイマジネーションもわきやすくなるのではなかろうか。

私はニューオーリンズで魔女工房《ウィッチス・ワークショップ》と称する店を訪ねたことがある。これは観光客相手のこけおどかしのみやげ物屋なのだが、いかにも黒魔術の巣窟《そうくつ》らしく、暗いランプとロウソクでオドロオドロしい雰囲気をつくって、わらの呪《のろ》い人形とか、呪殺《じゅさつ》用のロウソクとか、媚薬《びやく》とか毒薬とかいろいろとケッタイなものを売っている。無論、本物の毒薬など堂々と売るわけにはいかないから、すべて冗談だが、こうもりの干ものとか、枯れた薬草とか、わけのわからない粉とかを、それぞれちょっぴりずつ小さなびんに密封しラベルに古めかしい書体でなにやらもっともらしいことが書いてあったりすると、インチキだとわかっていながらもつい雰囲気にのまれ、魔法の存在を信じたくなってしまうのだ。

台所の雰囲気づくりということであのいかがわしい魔女工房を連想するのもおかしいことだが、前にも書いたようにやはり台所というのは一種の魔女工房なのだから、見るからに魔法の力がわいてくるような演出が必要だ。装飾のためのヘンな装飾よりも、妖精たち自身におしゃれをさせてその住まいを彩ってもらうのが、私の台所作戦だ。

三章

料理というじゃやじゃや馬ならし

料理合理化のすすめ

♛ 足まめな市場通いから料理が始まる

料理は市場歩きに始まる。市場は生き物だ。生き物とのあいさつを欠かしては、生きた料理はできない。

温室栽培や冷凍の発達で、なんでもいつでも手にはいるようになってしまったが、それでもやはり市場に四季はめぐり、シュンのものはいかにも意気揚々とみずみずしい笑顔を見せる。そんな表情を目ざとくとらえて食卓に季節を生かす感性を維持するためにも、なるべく足マメな市場通いが望ましい。

もし私が専業主婦だったら、毎日一度は買い物に出るというぜいたくを喜んで享受するだろう。夕方にしぶしぶ腰を上げるのではなく、朝のうちにシャカシャカ掃除洗濯を片づけた余勢を駆って、昼前の市場に繰り出し、仕入れたて、並べたての新鮮な豊富な品物をゆっくりと物色する。勤め帰りのあわただしい買い物客が押しかける夕方の市場の混雑に、いつでも行ける主婦までが加担することはない。

私は、残念ながら、毎日市場歩きのできるような身分ではないが、そのかわり仕事で家を外にすることの多い女は行動範囲が大きいだけ出会いのチャンスが多い。私は行く先々で暇を見つけては市場をのぞく。外国へ行ったときも、観光名所をめぐるより、市場の雑踏の中にはいってゆくほうが、その国の最もなまなましい素顔にふれることができる。所変われば品変わるという驚きと、人間ってやはり同じだなあという懐かしさとが交錯する市場歩きぐらいおもしろさを実感させるものはない。

外国旅行中では、どんなに興味津々《しんしん》の材料を見つけても、買って帰って料理する場がないからほとんど見るだけの楽しみだが、日本の中ならどこだってわが家の台所に直結している。たとえば札幌で用事があれば、帰りがけに二条市場へ寄ってごらんなさい。毛がにや甘えびや北寄貝や生すじこや……ああ、思い出すだけでワクワクする。こういう買い物を覚えたら、空港の売店のみやげ物なんて高くてつまらなくて買えたものじゃない。京都に行けば錦小路で、はもや加茂なすやたけのこやしば漬けを買う楽しみがあるし、高知の日曜市や飛騨《ひだ》高山の朝市に出会えればまだ根の土も乾かない菜っぱや朝露にぬれた山菜や自家製の素朴なみそやあんころもちをお百姓さんから直接買って帰ることもできる。

旅に出るときはもちろんのこと、ふだんの外出でも、私は必ず大きくて頑丈なズダ袋を一つハンドバッグに入れておく。男ひとたび家を出れば七人の敵があるというけれど、女もひとたび家を出ればどこでどんなテキをひっとらえたくなるかわからない。バスを待つ間にちょっとのぞいたスーパーで産地直送いわしの大特売をやっていたり、人を訪ねた帰り道の見知らぬ八百屋でなぜかカリフラワーがヤケッパチに安かったりすることはままあるものだ。よいもの、安いもの、珍しいものとの出会いをたいせつにし、また出先でできるちょっとした時間をこまめに活用する心がけを、このズダ袋の包容力がいつも頼もしくバックアップしてくれるのだ。

♛ 功多く罪少ない食品冷凍

買ってきたものは、いいかげんに突っ込んだり山にしておいたりせず、すぐ整理してしかるべきところにおちつかせる。その際に包み紙や袋をいちいちむしりとるのもかなりめんどうな仕事だから、簡易包装の買い物を心がける。肉、魚、みそ、豆腐その他なんでもなるべくパックでない状態で買い、タッパーとかあきびんとかボールとか、つまりそのまま冷凍庫に収める容器を持参してそれに直接入れてもらえば、あとで移しかえる手間が省けるし、資源の節約にもなる。

私はかなりまとめ買いをするので、冷凍庫にしまうものも多い。冷凍庫の積極的な活用こそ、新しい料理戦略の最も重要なポイントだと、私は思う。

かつては冷凍食品を軽蔑し、とりたて作りたてに固執した私だが、アメリカにしばらく暮らして冷凍の習慣になじむうちに、それがいかに功多く罪少ない方法であるかを知ってすっかり病みつきになってしまった。

初めはよけいに買いすぎたものや残り物をしかたなく凍らせておくだけだったが、急がずあわてずなんでも使いたいときまでとっておける気楽さや、バラエティに富んだストックを持つ便利さにたちまち味をしめ、初めから凍らせるつもりでいちどきにいっぱい買ったり作ったりするようになった。

アメリカの友人の中には極端な冷凍主義者がいる。非常に忙しい共かせぎ教師のK夫妻は、毎週末に一週間分の食糧をまとめて買ってくる。そこまではどのアメリカ家庭も同じだが、次に始まる作業がすさまじい。山のような食糧をその夜のうちに二人がかりでバラし、洗い、切り、煮込み、焼き、揚げ、蒸して、ムリョ数十種類の料理に仕上げてしまうのだ。それをさまざまに組み合わせた七日七変化のディナーセット一週間分を冷凍庫にしまい込んでおけば他の日は料理をする必要がない。毎晩帰宅とともに一セットをオーブンに入れ、シャワーを浴び、着がえをすませ、食前酒などなめ始めたころには、ほかほかに熱いディナーができ上がっているという寸法だ。私もご相伴《しょうばん》にあずかったことがあるが、でき合いの冷凍ディナーよりははるかに豪勢でおいしい。おいしく作ったものなら冷凍したっておいしいのである。条件が同じなら作りたてのほうがよりおいしいとしても、勤め帰りに駅前スーパーでバタバタと乱雑な買い物をして疲れとあせりに息を荒げながら料理した作りたてと、綿密な献立計画によって盛大に仕入れた材料を縦横に駆使してじっくり料理した冷凍食とでは、必ずしも作りたてのほうがおいしいとはいえない。

♛ 時間やエネルギーも貯蔵する冷凍庫

私はK夫妻ほど徹底した冷凍システムはとらないが、暇なときにまとめて買い物や料理をしておくことは多い。冷凍庫は食物だけでなく、それにかける人間の時間や労力の貯蔵も引き受けてくれるのだ。余ったお金を銀行に預けるのと同じように、冷凍庫に暇を積み立てておくと、ずいぶんと気持ちに余裕ができる。

ハンバーグ、コロッケ、スパゲティ用ミートソース、カレー、ピザ、ギョーザ……といった最も通俗的な子供の好物は、いずれも至って冷凍貯蔵向きである。この一連隊が待機しているだけでも子供の空腹には即応できるから一応は安心だ。いずれも貯蔵用だけをわざわざ作るのではなく、その日のおかずを余分に作って残りを貯蔵するようにすればよい。

カレーやミートソースやビーフシチューのような煮込みものはたっぷりと作ったほうがおいしいから、いつも倍量ぐらい作って、残りを冷凍する。コロッケをはじめフライものはどうせお店を広げたからには10個でも20個でも手間は同じだから、ついでのことにどっさり下ごしらえし、パン粉をつけた状態で不要の分を凍らせておく。揚げる前に解凍の必要はない。ハンバーグ、ピザ、ギョーザも下ごしらえの段階、つまりあとはフライパンで焼くだけという状態で冷凍する。これも凍ったままで焼ける。

玉ねぎを刻んで炒めたり、じゃがいもやにんじんの皮をむいてゆでたりするときも、ついでのことに余分を作って凍らせておくとその何回分かの手間が省けて重宝する。

こういう半製品の貯蔵こそ家庭における冷凍の最大のメリットだと思う。

よほど買い物に不便なところに住んでいるのでなければ、生ものの冷凍はあまり必要ないだろう。

私が魚を自家冷凍するのは釣りの獲物をドッサリもらったときぐらいのものだ。えび、いか、かに、貝柱、あさりのむき身などの冷凍はなにかと便利だからよく買っておく。魚屋で生魚を買ったって近海もの以外はどうせ冷凍を解凍したものであることが多いから、初めから冷凍買うほうがスッキリして衛生的である。

肉は冷蔵でもしばらくもつからあまり冷凍しないが、常備の肉としては炒《いた》めものなどによく使う豚肉の薄切りを１００ｇ《グラム》単位ぐらいで平たく並べた包みを一つ二ついつも凍らせておくと心強い。このようになんでも一度に使いきれるだけの量に分けて冷凍することだ。いったん解凍したものを余ったからといって、また凍らせるとてきめんに味が落ちる。

必ず新鮮な材料、あるいは作りたての料理であることが、冷凍の条件である。それをサランラップやアルミフォイルに包んだりタッパーに入れたりしてビッシリ密封し、必ず冷たくしてから冷凍庫に入れ、なるべく摂氏零下20度以下で急速に凍らせる。そして表に内容、量、冷凍年月日などを記しておいたほうがよい。

冷凍したからといって永遠にもつわけではなく、腐りはしないまでもしだいに味は落ちるから、なるべくなら2～3カ月以上の長居はさせないように、なめらかな不断の新陳代謝を心がけよう。

繰り返すが、冷凍庫は食品そのものもさることながら、なによりも私たち自身の時間やエネルギーの貯蔵庫なのである。いわば台所タイムマシンを乗りこなすようなものだ。レディメードの冷凍料理を買うのは、そういうたくわえのかわりにお金を使うわけだから、昔ながらの取り引きであまりおもしろみがない。そのうえ、あまりおいしくないし、経済的でさえない。冷凍料理は自家製を常識にしたいものである。

シガラミとしての台所仕事に創造の喜びはない

冷凍備蓄の習慣が軌道に乗ると、料理人の負担は半減する。いくら料理が好きでも毎日毎晩待ったなしの義務として必ず台所に立つのではあまり楽しがってばかりはいられない。理想を言えば、積極的に料理をしたい気分のときだけ料理人になることである。といって、それ以外のときは断食《だんじき》か外食というわけにもいかないが、冷凍備蓄をうまく使えば料理というほどの仕事をしないでもちゃんと食事を間に合わせることはできる。自分自身の時間やエネルギーのたくわえを活用するのだから、これは骨惜しみではない。省ける手間は省き、まとめてすむことはまとめ、義務や束縛を最小限に圧縮して自由な時間をふやそう。これは使うべきときに思いきって使うためにせっせと貯金する精神に通じる。ただひたすらに手間や時間を惜しんで料理をおろそかにするのでは、いっさい金を使わず墓場まで持っていく守銭奴と同じことである。

ケチのためのケチと、前向きの節約とは全く別のものなのだ。私が料理の合理化、省力化をすすめるのはもちろん後者のためである。

しかし、世の中には手間ひまをかければかけるほど心がこもるのだと信じる人も多い。しかもそういう人は、昔ながらの方法や手順にやたらと固執して、合理化や省力化には眉をひそめる。そういううるさい先輩のお説教は必ず有益でもあるが、ほどほどに聞いておかないと、料理とはこんなにめんどうなことかと思って、初めから意気沮喪《そそう》してしまいかねない。といって「熱湯を注いで3分」なんてカップヌードルの説明書きが料理だと思うようになっても困るが、手前みそを言わせていただけば、要領よく心をこめる私あたりの感覚がまあいちばん適度ではないかと思う。

ともかく、台所仕事はわずらわしいものであってはならないのである。のべつまくなしにつきまとうシガラミとしての台所仕事に、創造の喜びはない。シガラミをバッサバッサと断ち切って、自由な人間として、みずからの意欲で積極的に料理を楽しんでこそ、ゆたかな収穫も望めると思う。

だから、台所仕事の合理化、省力化をはばかることはないが、ちょっと便利だということになんでもヤミクモに飛びついていたらキリがないし、かえって上すべりして収拾がつかなくなりやすい。自分の身になじんだ習慣やコツは、なるべく手放さないほうが結局はトクである。

必要のない進歩は料理をダメにする

省力化にインスタント食品がかなり役立つのは確かだが、インスタントと名のつく食品の一つ一つについて、それが本来のもの、つまり非インスタント食品と比べてどれくらい便利なのか、そのかわり味が落ちるのかどうか、経済的には高くつくのか安くつくのか……など総合的プラスマイナスを検討したうえで差し引きプラスと出たものだけを使いたい。

何を作る会社でも技術者というのはだいたい専門バカだから、これでもかこれでもかと新くふうを重ねていくことしか考えない。消費者のほうもついそれにつられて、新しいものを追いかけたくなるのだが、ちょっとおちついて考えれば、別段必要のない進歩であることが多いのだ。

あの〝だしの素〟という化学調味料はどうだろう。近ごろはみそ汁のだしもあの粉をパッと振り込んですませる家庭が少なくないが、私はどうもこれではわびしい気がする。それ以前の、こんぶやかつお節や煮干しだってやはり一種のインスタント食品で、これくらい便利ならそれで十分だと私は思う。鍋に水とだしこんぶを入れて火にかけ、煮え立つ寸前にこんぶを引き上げ、かわりに削り節を入れて一煮立ちさせるのが私のだしのとり方だが、この程度の手間と時間も惜しいほどせっぱつまって忙しいことはあまりない。煮干しを使う場合のだしのとり方をついでに書くと、鍋の水にちょっぴりの日本酒と、ひとつかみの煮干しを入れてそのまま一晩おき、翌朝煮干しをとり去るだけである。時間はかかるが煮る手間さえいらない。

牛や鶏のスープをとるのは時間がかかるし、アクをすくったりするのもかなりめんどうだから、固型スープや、顆粒のブイヨンを使う価値が十分にあると思う。それでも、やはり私は原則として自分でスープを煮出したい。骨髄のゼラチンがたっぷりと溶け出した濃密なスープの味は、やはりインスタントでは望めない。よい骨があったときどっさりスープを作り濃縮して凍らせておけば、インスタント同様手軽に使えるのである。だしやスープというのは、いわば料理の土台である。わずかな手間を惜しんでチャチな土台を作ったら、料理全体を弛緩《しかん》させてしまうことにもなりかねない。

♛ 化粧も仕上げがたいせつ、香辛料にも心づかいを

化粧でいえばだしやスープはファウンデーションで、最後のひとはけのアイシャドーにあたるのは食卓のソースや香辛料だろう。これはほとんど既製品になってしまったが、サラダのドレッシングまでできあいというのはものぐさにすぎる。私はついにマヨネーズだけは既製品を使うことが多くなったが、それでもちょっとレモンの絞り汁をたらすとか、玉ねぎやパセリを刻み込むとか、カレー粉をまぜてみるとか、少しはパーソナルなアクセントを加える。

からしやわさびは粉を水で溶く手間さえ省いてチューブからニョロリと直接くっつけるのがはやり始めたが、これはいかにも感じが悪い。せめて杯にでもちょっぴり盛って出す心づかいがほしいものだ。化学調味料の白い結晶を、おまじないのようになんにでもパッパと振りかける習慣も感心しない。私は一時期、断固、化学調味料を排斥するボーイフレンドといっしょにいたことがあり、そのときは料理にもいっさい化学調味料を用いなかったが、別段味に不足がありはしなかった。今は、日本料理と中華料理には時々使っているが「化学調味料

を少々」といちいち書くのは小うるさいし、これは各自の好みに属することだから、この本の中の料理の処方箋では省略してある。

化学調味料は省けても、香味野菜は省けない。化学のオマジナイよりも自然の恵みを私はたいせつにしたい。香味野菜の三傑は、ねぎとしょうがとにんにくで、私の料理、なかでも炒めものには必ずといってよいほど使われる。いずれも香味だけでなく健康のための薬効も大きい。

こういう香味野菜は必ず最初に炒めて油によく香りがついてから他のものを加える。にんにくはひとかけらをたたいて炒め、きつね色になったらとり去り、油に香りだけ残すのが上品な使い方だが、私はにんにくそのものが好きなのでドサドサ刻んでいっしょに炒めてしまう。私も食べ相手も食べるのだからにんにく臭くなったってかまわない。お互い他の人とその日はもうデートができなくなるが、一蓮託生《いちれんたくしょう》、けっこうなことではないか。

調味料の中でいちばん慎重に扱わなければならないのは、いちばん必要な塩である。塩の入れすぎだけはまず救いようがないから、必ず控えめに入れて味をみながら足していく。

白菜、大根、キャベツをはじめだいたいの野菜は、煮たり炒めたりするときに、まず最初にある程度の塩を入れること。野菜に火が通ったあとではじめて塩を入れると、なぜかその野菜のイヤなクセが出る。

油も調味料のうちだが、正確には油と脂に分けて書かれるべきだろう。植物性の材料にはバター、ラード、ヘットなど動物性の脂を使い、動物性の材料には、サラダオイルやごま油など植物性の油を使うのが一応の原則である。

コツをつかんで料理をすばらしい伴侶に

こういう原則やコツは、いずれもよく洗練された合理的な生活の知恵であり、けっして料理をわずらわしくするものではない。実際に料理の経験を積むうちに、さまざまなコツを実感的に確かめ、そのコツの底流として、いくつかの大原則を把握することができるだろう。密林のように得体が知れなかった料理の世界が、自分の庭のようにすっきりと見渡せるようになり始めるのはこのころである。

料理というのは、フトコロにはいり込んでつかむべきところをつかんでしまえば、しごくすなおでやさしくものわかりのよいかわいい女なのに、ちょっとつきあい方をまちがえるととんでもないじゃじゃ馬でメタメタに振りまわされる。恐れず見くびらず、自然に親しみいつくしんで、このじゃじゃ馬をステキな伴侶にしたいものである。

四章

優雅なパーティの開き方

人とのじょうずな出会いとは

♛「もっとひんぱんに会おうよ、しゃべろうよ」

私は学校の勉強というものがどうしても好きになれなかったが、学校へ行くのは大好きだった。学校に行けば友だちに会える。友だちといっしょにいれば会話がある。校庭の日だまりに円陣を組んで、私と仲間たちは毎日とめどなくしゃべりつづけていた。私たちの頭は、絶えず川が流れ込み、風が吹き渡る海原のように、いつもゆすぶられ、波立ち、キラキラと輝いていた。

しかし学生生活の終わりとともに、この無尽蔵な会話の時間ともお別れだ。あれはなんとぜいたくな習慣であったことだろう……と、やがて私たちは失ったものの大きさに気づくのである。

たまに同窓会などはあっても、久しぶりの顔合わせでは通りいっぺんの近況報告が一巡するくらいで終わってしまい、話がゆたかに深まることは望めない。それに主婦たちのほとんどは、四時ごろになるともう晩のしたくなど気にしてそわそわと腰を浮かし始める。

「シラけるわねえ」と、二次会まで生き残った数少ない独身組はボヤくのだ。

「日のあるうちに飛んで帰るなんて、コドモのときより不自由じゃないの」「それにあの話題のつまらないこと。赤んぼうが立ったの歩いたの、亭主の親類がナニさまだのと……そんなカンケイない話にだれが興味持つと思ってるのかしら」「ムカシのほうがずっと知的だったわよね。青くさくもあったけど、ともかくもっと真剣に熱っぽく人生や社会や芸術を語り合ったじゃないの。あのころ提起し合った問題はほとんど何も解決されていないままなのに、どうしてもうだれもそのことを考えなくなってしまったの」「女ってオトナになるとあとはもうだんだんバカになるだけみたい。コワイわァ」「ヌカみそも脳みそも始終かきまわしてなきゃダメなのよ」「そう、そしてヌカみそくさくなるとたいてい、脳の中身も腐り始めるのね」「他人事じゃないわよ、私たちだってなんとなく反応が鈍くなった感じ」……と一同シュンとして反省したものだ。

そして、「もっとひんぱんに会おうよ、しゃべろうよ」「そうよ、手遅れにならないうちから不断のブレーン・ストーミングが必要なんだわ」ということで意見が一致し、万障繰り合わせてパーティに呼び合い応じ合うことを誓ったのである。

しかし実際にパーティの習慣を根づかせるのはむずかしい。

日本の貧しい住宅事情も大きな障壁として数えられる。ごく平均的な庶民の生活でも、数十人の客ぐらいは収容できる広さの居間を持つ欧米に比べれば、確かに日本の家はあまりに狭苦しいが、私たちはなにもそんなに多勢の客を招く必要はない。六畳一間のアパートだって六、七人の客はよべるし、だいたいそれで十分なのだ。おちついて食事をし、実のある会話を楽しむためには多くても十人が限度だと私は思う。だから家が狭いことなど問題ではない。「ロクな家具も飾りもなくて、とてもお客さまなど……」と尻込みする人もあるが、これもつまらない見栄である。立派な家具など見せびらかされたってだれもうれしくはない。応接セットなんてくだらない場所ふさぎである。よけいなものは何もないシンプルな部屋に、ふっくらした座ぶとんがポンポンと置かれてあればそれが最高だ。

このごろは西欧でもこういう日本式のあぐらパーティのほうが人気があるのだから、アチラのまねなどせず、大いばりで日本的空間を活用しよう。

♛ パーティが恋や結婚のキッカケをつくることも多い

会場のことはそれでよいが、恥ずかしがり屋で人見知りの強い日本人の非社交性が、パーティをオックウなものにすることは確かである。私自身も実はその点で典型的な日本人なのだ。

「パーティのすすめ」など書いていながら、実はひどくパーティが苦手で、たいていのご招待にご遠慮申し上げている。私が特にきらいなのは、だれそれの出版記念会とか、某社創立何十周年祝賀会とかいった類のやたらと種々雑多な他人がおびただしく集まるパーティである。着席式ならまだしも身の置きどころがあるだけ助かるが、広い会場の人ごみの中をウロウロ歩きまわる立食式だと、まるで天涯孤独の捨て猫が身分不相応の場所に迷い込んだような心細さに悄然《しょうぜん》として、テーブルの下にでももぐり込みたい気分。知った顔に出会おうものなら、まさに地獄に仏で、そのままベッタリと寄り添って、最後まで見捨てられないようにしっぽを振りつづける。

知らない人にまでこっちから話しかけるような勇気は全然ないし、しばらくしゃべってはさりげなくスイと離れて次に移り、なめらかにまんべんなくおびただしい人数をこなしていくような遊泳術もとうてい望めない。

この種のパーティで活躍することは、私はもうあきらめている。しかしパーティは好きなのだ。生きている限り人に会いたい、会いつづけたい。だから、なるべくメンバーを精選した小ちんまりしたパーティを持ち、お互いをよく把握してきめこまかにつきあい、充実した会話を堪能《たんのう》しよう。こういうパーティの味をしめたらやめられない。よい人づきあいにまさるごちそうがこの世にあろうかと思う。

よい友だちとの快適なふれ合いが維持されていれば、恋だ結婚だとやたらあせって狂奔《きょうほん》して早々とつまらない相手にひっかかったり、軽薄な仲人口に乗せられたりするオソレも少ない。

また、パーティが恋や結婚へのキッカケをつくることも多い。ともかくじっくりとおちついて、より広くより深い人間関係を育てていくことは、あらゆる意味でまちがいなく人生をゆたかにする。チッポケなマイホームのエゴイズムだけが人間のキズナではない。もっと欲ばって、人生を、人間を、出会いをむさぼろう。

人間の手ごたえを確かめ合えるパーティを

どうもその欲ばり方を知らない人が多すぎるような気がする。たとえば、日本ではやたらと隆盛の結婚披露宴なるパーティによばれるたびに、私はなんともいらだたしいむなしさにとらわれる。これほど金をかけ、多くの人々の貴重な時間を奪いながら、なんと貧しくつまらないパーティだろうかと思う。しかし、ふだんパーティの習慣を持たないこの人たちにとっては、これが一世一代の晴れがましい顔見世のチャンスなのだと思うと、有頂天になって披露宴にハッスルする気持ちもわからないではないから、それ以上文句をつける気も萎《な》える。そしてただ気の毒だなァと思う。

私は永年「結婚しない女」として過ごしてきたが、特定の恋人がいればいっしょにパーティに伴ったり自分のパーティのホストをつとめさせたりしてさりげなく披露していたから、いつも親しい仲間うちでは快く認知されていて、正式の夫婦でないことになんの不都合もなかった。

見栄で集めただけの親しくもないエライ人たちの空虚な祝辞に退屈しながら冷えたスープをすすり、なぜか何度も衣装を変える着せかえ人形のような花嫁花婿を遠くから見物して、いったいその二人について何がわかるというのだろう。私のパーティに招かれて、私と私の恋人がいっしょに一生懸命作ってサービスするごちそうを食べ、ゆっくりひざつき合わせてしゃべり込めば、だれだってこのカップルのことをずいぶんとよく理解できるはずである。

こういうパーティをふだんから心がけていれば、結婚式にやおらバカバカしいお金をかけて借金まで作ったり、一度は花の宴の主人公になってみたいばかりにムリに結婚したりするようなこともないだろう。

別に結婚披露宴をしてイケナイというつもりはないのだが、それ以外に心はなやぐまつりのときを持たない人づきあいの貧しさが情けないのだ。もっと日ごろから相つどい、人間の手ごたえを確かめ合おうではないか。

以下は私自身の経験をもとにしたパーティの分類と、その好ましいあり方の考察である。

1 賓客のためのパーティ

これは遠来の珍客とかエライかたをおもてなしするために、しかるべく人を集めるパーティで、いくぶんフォーマルなものになる。日本では芸者やホステスを配して大事な客の接待にあたらせる習慣もあるが、金では買えないおもしろい人材を招いてゆたかな会話をわき立たせるのが、もちろん最上のおもてなしである。

私も外国へ行ったりするとときおり正客として私のためのパーティを催してもらうことがありこれはたいへんにうれしく晴れがましいものである。こういうパーティには、その国の政治経済を語るにふさわしい人、地理風俗にくわしい人、音楽につよい人、絵の好きな人、ジャーナリズムの事情に明るい人、スポーツが得意な人……などなど各方面にわたる多彩な人材をとりそろえてある。私のどんな関心にも応えられるようにというホスト、ホステスのこまやかな心くばりがほんとうにありがたい。

正客のための人集めとはいっても、集められた客たちにとってもその正客との出会いは得がたいごちそうなのだから、なにも芸者がわりに人を利用したことにはならない。

このパーティでは、主人役がいつも正客を立てるように気をつかいながら、こまめに人を引き合わせなければならないのだから、始終台所と行ったり来たりではぐあいが悪い。料理や給仕をまかせておける人がいれば問題ないが、人手のない家庭では、あらかじめ用意しておける料理が主体のビュッフェ・スタイルにする。しかし作りおきの冷菜だけでは寒々しいから、テーブルの上でグツグツ煮立っているキャセロールの一つぐらいはほしい。アメリカで経験したこの種のパーティの典型的な内容をご紹介しよう。

まず指定された時間より少し遅めに到着すること。まちがっても早く行ってはいけない。なにしろ準備するほうはたいへんなのだ。買い物、掃除、装飾、料理、着がえ……とめまぐるしい大奮闘の末やっと万端ととのうのは時間ギリギリに決まっている。第一ラウンドの闘いを終えた主人夫婦がホッと顔見合わせて息をととのえるぐらいの余裕は与えられるべきである。

さて次々と到着し始めた客をあいそよく出迎え、コートを受けとり、クローク・ルームなどはないことが多いから寝室のベッドの上あたりにまとめておく。客の一人一人に酒の注文を聞いてサービスするのはホストの役目である。酒の肴《さかな》は、ナッツ類やポテトチップス程度。グラスを手にして談笑している客の林の中を縫って歩きながら、ホステスが正客を紹介してまわる。

「そろそろお食事を……」と、ホステスに促されてダイニングテーブルを見ると、ピカピカの銀の燭台にろうそくが燃え、大きく平べったい銀のキャセロールのビーフストロガノフを中心に、ひもかわのような平べったいスパゲティ（この上にビーフストロガノフをかけて食べるのだ）、にんじんとグリンピースとコーンをミックスした温菜、グリーンサラダが並んでいる。テーブルの端に重ねてある大皿を一人一人手にとって並び、順番にほしいだけの料理を自分の皿にとり、足りなければまた何度でもかってにおかわりする。デザートはレディメードのアイスクリーム。

能率的ではあるけれど、けっしてごちそうそのものに期待をかけていくほどのごちそうではない。わざわざ大げさに人をよんでおいて、たったこれだけ？　と、初めはびっくりしたが、慣れてしまうとこれも気楽でよいものである。

しかし、私はやはりもっといろいろとごちそうを並べたい。特に外国から来た客には、日本の味のバラエティを知ってほしいので、和風オードブルをほんのちょっぴりずつできるだけ多種類用意しておく。てんぷら、すき焼き、焼き鳥といったポピュラーなニッポン料理はどうせ方々で堪能《たんのう》させられることだから、わが家ではもう少し家庭的なおそうざいの味をアレンジするように心がけている。

先日イタリアからやってきた友人のために催したパーティの献立は次のとおりである。
○前菜——牛肉のたたき、ひらめのこんぶじめ、胡麻豆腐、さやいんげんの白あえ、赤貝とうどとわかめのぬた、うどの皮きんぴら、小いわしのしそ巻揚げ
○ Insalanta di funghi e scampi（トスカーナ風マッシュルームと小えびのサラダ）
——これは正客に敬意を表したイタリア料理
○つくねのみぞれ鍋（昆布とかつおの出しで鳥の挽肉団子を煮て大根おろしを入れ、ニラかアサツキを散らす）
○かきの炊き込みごはん、三つ葉、ぎんなん、もみのり散らし。赤だし（じゅんさい）、漬けもの（千枚漬け、すぐき）

結婚披露宴のようにしかつめらしくメニューを作って一人一人に配り、外人客用には翻訳も書き添えておくと喜ばれる。このメニューやワインのラベルにサインし合うのもよい記念になる。

2 ミクシングパーティ

いろいろな種類の人をまぜ合わせて人間関係を広げるのが目的の、いわば仲人志向の社交パーティで1と似たようなものだが、この場合は特に正客を定めないから、分野こそ違え、ほぼ同等のランクの人間が集まる気楽なパーティであることが多い。

だれでも幾つかの交際範囲を持っているはずである。学生時代のグループ、仕事の同僚、趣味やスポーツの仲間、隣組、親類、旅先で見つけた友人など、さまざまに分布した人脈を思い浮かべながら、こっちのだれとあっちのだれを会わせたら気が合いそうだと考え始めると、むくむくパーティに意欲がわいてくる。人間の〝縁〟ぐらいおもしろく、また恐ろしいものはない。ほれたはれたの事態になればもちろんのことだが、ただだれかと知り合うだけでもそれによって人生の運命を左右されることが少なくないのである。人に人を会わせ新しい縁をつくるというのは、考えてみれば大それたことだが、それだけにスリリングでこたえられない。縁は縁を生み、縁の集積が歴史をつくる。ささやかなホームパーティだってどんなに重要な歴史をつくりつつあるのかわかりはしないのだ。

さて〝歴史の種子まき〟における種子の選択や配合は、主催者の胸三寸である。主催者の全く主観的な基準に従って招待客のリストを作り、日時を定め、手紙か電話で招待の意志を伝える。日本では「だれとだれで集まりましょうか」とか「いつにする?」とか、招く側、招かれる側で相談し合うことが多いが、西欧式だと、メンバーも日時も主催側が一方的に決め、招かれる側の選択はその招待に応じるか応じないかの二つだけである。「他にどなたがいらっしゃるのですか」と尋ねたりするのは失礼なことだ。個人的人間コレクションの特別内覧会ともいうべきこういうパーティには、闇鍋をつくるような勇気と好奇心を持って臨むべきである。闇鍋の作り手が趣味の悪そうな人だったりして、食欲がわかなかったら、「あいにくその日は先約がありまして」と、即座に辞退する。ほんとうに先約があろうとなかろうと、断わりの口上はこの一つに統一されている。

さまざまな個性を集めてぶつけ合うミクシングパーティには、味覚の上でもさまざまな個性を一堂に会させたくなり、私は和洋華にとどまらず、いろんな国の珍しい料理の試作にしばしば蛮勇をふるうのである。

大工、保健婦、タンザニアの外交官、画商、雑誌記者、オーストラリアのスキンダイバー、高校教師、秘書、主婦、陶工、酪農家……といった雑多な人間がわが家に集まったある日の、極度にインターナショナルな献立をお目にかけよう。

○広島のかき酢、北海道の子持ちししゃも、若狭の小鯛笹漬
○レディス・フィンガー――タンザニア風オクラの詰めもの
○ペリメニ――シベリア風水ギョーザ
○サッテ――ジャワ式焼き鳥
○チャプチェ――韓国式野菜炒め（もやし、ねぎ、にんじん、しいたけ、はるさめ、にんにく）
○ククサブシ――ペルシア風ほうれんそうオムレツ
○しじみのみそ汁
○イタリアン・野菜サラダ
○オーストラリアン・ローストラム・ミントソース

○ブリー（フランス生チーズ）フレンチブレッド
○タピオカとココナッツジュース――中国式デザート

3　親しい仲間だけのパーティ――ときには気どったフォーマルディナーごっこを

私がいちばん緊密につきあっているのは高校の仲よしグループで、もう二十年来のつきあいになる。こういう連中と無礼講で時間おかまいなしに飲み、食べ、しゃべり、ときにはそのままゴロゴロ寝てしまったりするパーティほど、心底くつろげる楽しい時間はない。

こういう間柄には火を囲んでドッカリすわり込み、ワイワイ自分たちで煮焼きしながら食べる鍋ものや鉄板焼きがピッタリだ。

牛肉のしゃぶしゃぶかオイル焼きかすき焼きにたちまち衆議一決することが多く、「肉は私が買ってゆくから、あなたは野菜をそろえてね。お酒は彼女が持ってくるって……」という調子で、パッパッと役割分担する呼吸も冴《さ》えているから、夕方になって突然今夜集まろうということになってもあわてない。

しかし、ときどきメンバーの一人がものものしい意気込みで招宴を張ることもある。仕事が一段落したり新しい恋人ができたりして、上きげんだと大盤ふるまいしたくなるものだし、逆にスランプからなかなか脱け出せずにあせっているときも、派手に騒いで気分転換を図ろうとする。また外国旅行で仕入れてきたエクゾティックな料理法や自分で研究開発した新しい味を試食させようという披露宴もある。

ふだんは仕事が忙しくてきわめて手短な料理しかしない人が「きょうだけは徹底的に料理人だゾ」と思い決し、朝早くからソワソワワクワクと仕込みにかかり、心おきなく時間をかけて凝りに凝った本格的な料理で友だちを感嘆させるのだ。これほどぜいたくな休日の利用法がほかにあるだろうか。

かなり改まった客のもてなしさえビュッフェディナーですませるご時世に、最も親しい内輪の仲間たちを最高にフォーマルなテーブルセッティングのフルコースディナーで迎えたりするのも、ときには気分が変わって実に楽しいものである。

客のほうも、ふだんめったに着るチャンスのない一張羅のイブニングドレスでしゃなりしゃなりと繰り込んだりして、フォーマルごっこに協力する。

ごっこ、とはいっても、やはりこういう経験はほんとうのイザというときのための訓練として役に立つ。仲間同士歯に衣《きぬ》きせず批評し合って研さんに励んでおくことだ。

高校卒業十五周年記念と銘うったわが同級不良グループ六人の宴会の、思いっきりキザに気どったメニューをご紹介しよう。

きちんとした着席式で、食卓には麻のテーブルクロスとナプキン、親から借りてきた紋章入りの皿と銀器と燭台……と、こうきちゃう。うやうやしき召使までは調達不能なので、わが家の子供たち三人に因果を含め小づかいを握らせて給仕をつとめさせた。

○前菜とり合わせ——生うにとじゅんさいのゼリー寄せ、わらびのごまよごし、たこ梅肉あえ
○スープ——若竹とわかめの澄まし汁
○魚——あわびの酒蒸し
○肉——牛舌のぶどう酒煮
○デザート——マロンのムース

純洋風フルコースの構えながら、肉とデザート以外はすべて純和風の料理にしてある。私も私の仲間たちも寄るトシナミで近ごろとみに和食党になってきた。それに女は男たちと

違って料亭の宴席などにほとんど縁がないから、こういう気どった日本料理にありつくのは、ことのほかうれしいのである。銀のナイフとフォークでおさしみを食べたりするのも、イタズラっぽい気分が楽しめて、タマにはよいものだ。

4 リラティブパーティ（親類の集まり）——おふくろの味の講習会に

親類縁者というのは私の場合あまり積極的につきあう人種ではないが、それでも年に数回は親きょうだいとかイトコとか寄り集まってごはんを食べることがある。こういう会はたいてい老若男女に赤んぼうまで加わって年齢構成が複雑だし人数も多いから、だれにでも合う献立作りはむずかしい。あまりチマチマといろんなごちそうを作って主婦が忙しがると、ドスンとすわって食べるだけの男どもはいいけれど、そのお嫁さんたちはそうおちつき払ってもいられず、心ならずも手伝いに立ち、かってのわからないヒトの台所でウロウロしなければならないから気の毒である。庭があれば、バーベキューや野外天ぷらのパーティにすると能率的だし、雰囲気も盛り上がるが、家の中なら中華料理を六、七品それぞれドサッと作り、大皿に盛って「あとはおかってに」とズラリ並べておくのが無難なところだろう。

親類づきあいの少ないアメリカでも、クリスマスやサンクスギヴィングの休日には、方々の家庭が一族再会のパーティでにぎわう。日ごろしょんぼりと手持ち無沙汰な老夫婦も、こんなときだけはにわかに〝家長〟らしい貫禄を示して、生き生きと料理作りの指揮をとる。どこでもだいたい同じ伝統的な祝祭用メニューがあって、巨大な七面鳥のローストがその中心に据えられることが多い。その腹の詰め物をドレッシングと呼び、ドレッシング作りに各家庭の〝秘伝〟があるらしい。方々でいろんなドレッシングを味わったが、だいたいにおいてパン、米、じゃがいも、干しぶどう、なつめ、栗、くるみその他の木の実類、レバー、ひき肉などのうち数種類の組み合わせにいろいろなスパイスを加えてあるようだった。焼き上がった七面鳥に剣士のようにさっそうたる構えで包丁を入れるのは老家長の最も晴れがましい一瞬である。

その他、ヨークシャー・プディング、かぼちゃの甘煮、赤かぶの酢漬け、木いちごのゼリー、レバーのゼリー固め、煮豆などが、祝膳のつきものだったように覚えている。いずれもあまりおいしいものではないが、開拓時代にはこれが年に一、二回待ちに待って食べる大ごちそうだったのだろう。ふだん食前の祈りをしない家庭でも、こういう食卓では先祖と同じマナーを守り神妙に声を合わせて神に収穫への感謝の祈りをささげる。

私たちも親類パーティのときぐらいは、先祖をしのんで郷土料理を作ってみたり、また戦時中の苦労を想起して、ふかしいもやすいとんの宴会にしてみたらいかがなものか。

また、祖母族や母族を精いっぱいおだて上げて、〝おふくろの味〟の講習会にするのもよいだろう。

5 子供のパーティ――甘口辛口とりまぜてあとは子供自身にまかせよう

お誕生日会というのが年々さかんになるようで、わが家の子供たちもよくよばれて行くが、近ごろはおみやげまでもらって帰ってくる。結婚式でゴテゴテ引き出物を持たせるドロ臭い風習が子供の世界にまで及び始めたわけでなんとも嘆かわしいことだ。私は絶対にそんなマネはしたくないのだが、子供というのはとても通俗的な人種だから、「お友だちがみんなくれるのに、ウチだけ何も上げないなんてはずかしい」と言って、私がほうっておいても自分の小づかいをためてくだらないお返しを買ってしまうのだ。これはマズイと考えた結果、私は子供のかってな買い物を禁じ、そのかわり私が〝引き出物〟の手配に責任を持つことを約束した。わが家の子供パーティでは、その記念写真を参会者に一枚ずつみやげに持たすことにしたのである。

当日ポラロイドカメラを用意しておき、パーティの様子を背景に一人一人が主役の写真をそれぞれ撮っては、その場でできばえを披露し、きれいなシートに張ってパーティの日時、場所をしるし、参会者がサインを寄せ書きしたものを贈るわけである。キャンデー袋やレターセットなどよりちゃんとのちのちまで残るし、パーティの現場報告として親たちにも参考になるだろう。

原則として食事は出さないティーパーティだが、ケーキやクッキーのたぐいばかりこれでもかこれでもかと並べ立てるのは、胃のためにも歯のためにも好ましいことではない。ツナ、ソーセージ、スクランブルエッグ、チーズ、トマト、きゅうりなどをのせたミニ・オープンサンドイッチを彩りよく盛り合わせたり、一口ミートパイやピロシキ、お好み焼き、ピザ、焼き鳥などを作ったりして、なるべく甘口から辛口への移行を試みたい。

パーティの運営進行は子供にまかせて親はいっさい出しゃばらず、会場のセッティングやあと片づけもできるだけ子供自身の仕事にする。

6　ハプニング・パーティ（突然の来客パーティ）
――あり合わせのものを動員して盛大にもてなそう

なんの予定もなく突然もののはずみで発生してしまうパーティのことで、深夜亭主が飲み仲間を引き連れてドヤドヤとご帰館になるのもハプニング・パーティなら、路上でバッタリ会った旧友を懐かしさのあまり家に引っぱっていくのもハプニング・パーティである。

むさくるしいの、なんにもないのと、くどくどしい言葉は無用にしよう。そんなことはお互いさまなのだ。悪びれずに張りきって、ともかくなんでもありったけのものを動員して熱心にもてなそう。三波春夫でなくっても、お客さまは神さまなのだ。世間に無視されてだれ一人訪れてくることもないような境遇だったら、どんなにか哀《かな》しく情けないだろう。

福の神だって鳥や獣同様、自分のところに引きつけておきたければマメな餌づけが必要なのだ。いつだれが突然飛び込んできてもうろたえず、まずはとりあえずサッと供してあざやかな第一印象を与えられるような肴の一、二品ぐらいは必ず常備しておこう。自家製の漬けものを絶やさないような習慣があれば、かなりの強みになる。

最初の応対における呼吸の冴《さ》えで勢いがつき、あとは次々と連鎖的にいくらでももてなしのアイディアがわいてくる。

急に客が来たら、なにはともあれ米をといで火にかけてしまうと胆がすわり、ごはんが炊き上がるまでにおちついて次の対策を考えられると言う人もいるが、確かにこれは心理的にも効果的な作戦だ。私は必ずしもごはんは炊かないが、客の声を聞くなり何を出すか考えるよりも前に反射的に鍋に水をいれて火にかける。たとえ結局使い道がなかろうと、台所に湯げを立てるだけでも精神安定の一助になるものだ。

7 レギュラー・オープンハウス・システム
——不要なものの物々交換もできます

近くに住んでいるような友だちとは、いつでも会えそうでかえってご無沙汰になりがちなものである。日常的なブレーン・ストーミングの機会を確保するためには、こういう身近な人間関係をもっと積極的に活用することだ。

たとえば、同じ町に住む八人の主婦が語らって、オープンハウスの輪を作る。オープンハウスというのは、文字どおり家を開放して、どうぞどなたでもいらっしゃいと客を待つことである。

しかし、いつでもドアをあけておくわけにはいかないから、各人二カ月に一回ずつのオープンハウスを受け持ち、Aさんは奇数月の第一金曜日とか、Bさんは偶数月の第三金曜日……というぐあいに、半永久的にスケジュールを固定してしまう。

そのつどいちいち集まる期日や場所を相談する手間が省け、一年先のいつはだれの家がオープンハウスということまで今からわかるわけである。二カ月に一度くらいの義務なら重荷にはならない。それでもよくよく都合の悪いことが起これば、メンバーに連絡して来訪を断わることはできる。

八人が二カ月に一回ずつ自宅をオープンするのだから、一週間に一回はだれかしらの家がオープンされているわけである。なにも毎週必ず参集する必要はなく、ヒマで気が向いたときだけ足を向ければよい。一人だけでも行く人があれば、オープンハウスの主人と合わせて二人のパーティが成立する。たとえだれも行かなくても、主人側はレストランや喫茶店で待ちぼうけをくうわけではなく、自宅でそのまま日常生活をつづけていればいいのだから別に損はない。

オープンハウスの主人の義務は、当日必ず家にいて来客を受け入れることだけだ。部屋を片づけて掃除し飲み物を冷やしておくぐらいのことはするが、もし客にフラれても家がきれいになって悪いことはないし、冷蔵庫のビールがすぐ腐るわけでもない。食べ物は客がそれぞれなにかしら持ち寄ることになっているから、八人集まれば少なくとも八色のごちそうが集まる。

すしやサンドイッチのたぐいを店で買って来るより、残り物でもいいから手製の料理を持参するほうが歓迎される。「あの家のシチューはすごく香辛料がきいてるわ」とか、「彼女はおからをこんなふうに炒るんだな」とか、「このおでんは関西風だからお姑さん仕込みかしら」とか、ヨソの家のおそうざいをあれこれ見比べ食べ比べるのはとてもおもしろいし勉強にもなる。

このおそうざいビュッフェを囲んで、さっそくにぎやかなおしゃべりが始まるが、始終集まる仲間だから社交辞令はヌキで、もっとほんとうに言いたいことをどんどんぶちまけてのブレーン・ストーミングになる。

こんな世の中では毎日の新聞を広げるだけでもムッと胸をつかれるようなことが多く、もの言わねば腹ふくるるばかりだから、ともかく一週間に一度は、腹の中のものを吐き出す会話の場が用意されているというのは、精神衛生上たいへんに好ましいことである。

このパーティは、生活情報交換の場でもあるし、また、作りすぎたピクルスとか、小さくなった子供服とか、置き場のなくなった家具とか、中元・歳暮に集まった不要品とかのバーゲンセールや物々交換会の場にもなり、ちょっとした生活協同組合のような機能を発揮することができる。こういうまわり持ちオープンハウス・システムの応用として相互に子供を預かり合う私設移動保育園でも組織すれば、幼児を持つ母親の行動半径もかなり広がり、もっと自由にパーティに参加することができるようになるだろう。

オープンハウスには、メンバーがゲストを伴うこともできる。つまり、安定した気楽なベースの上に、ときおり新しい刺激も加わるわけで、固定したパーティと流動的なパーティの両方の長所を備えたシステムだといえる。

さて、どのパーティからでもいいから、あなたもさっそく始めてみませんか。

五章

肉や魚と仲よくつきあうために

肉・魚料理

♛ 素材に敬意を表わそう

肉でも魚でも、すごく上質な素材だったら、料理などいらないのである。そのままでおいしいものによけいな細工をすることはない。牛肉だったらステーキとかローストビーフとかオイル焼きとかいった単純明快な食べ方ほど豪勢なのだ。生きのいい魚には、さしみや塩焼きがいちばんよく似合う。なるべく手をかけず、素顔に近い状態で食卓に迎えるのが、誇り高い素材への敬意の表し方である。

そのステーキを食べるときにしても、ブランデーだのマッシュルームだのとあれこれぶち込んだぜいたくなステーキソースをドロドロとかけるより、ただのしょうゆに溶きがらしを添えるだけのほうが、かえってよく肉の味を引き立てると、私は思う。だから私は、たとえ外国のレストランでも、上等なステーキには断固としてしょうゆのエスコートを要求する。近ごろ世界じゅうどこへ行っても、ソイソースと一言いえば通じるようになったのはありがたい。この傑作な調味料は最も国際的に成功した日本製品の一つだと思う。

人間の知性をブジョクする牛肉の値段

しかし、素朴なつきあい方で満足できるような牛肉は、その値段において極度につきあいがたい上流階級に属する。日本の牛肉の値段というのは国際的常識をはるかに超えていて、外国人に話してもとても信じてはもらえない。

今でも私はしばしば錯覚を起こす。肉屋のショーケースをながめて、いかにも魅惑的な霜降り肉がころあいのステーキサイズに切って並べられ、1200円なんて値札がついていたりすると「フーム、一きれ1200円か、高いけど、まあたまにはオゴっちゃおう」と気を大きくしてしまうのである。そして「そのステーキ、三枚ちょうだい」などと注文してしまってからハタと気づいて青ざめる。いけない、これは100グラムの値段なのだ。一枚200グラム以上はありそうだから3000円を越えるだろう。三枚で1万円。滅相もない、さあたいへん……。同じ失敗を経験した友だちは少なくない。

オーストラリアから来たモーリンは「オウ、ノー、インポシブル！　こんなミニッツステーキに10ドルも払ったなんて言ったら主人に家をたたき出されます！」とのけぞるような悲鳴をあげた。

もう少し注意深く値札を読むジーンは、「イッツ・インサルト・サムワンス・インテリジェンス」と言って肩をすくめる。アメリカ人がよく使うこの表現は、私もたいへん気に入っている。「途方もない」とか「人をバカにして」といった意味だが、私はこれをわざとものものしく「これは人間の知性を侮辱するものだ」と直訳することにしている。１００グラム１２００円なんて肉の前では「わが知性を侮辱させてなるものか」とつぶやいて、この〝無礼者〟に誇り高く背を向けるのだ。

「インサルト・サムワンス・インテリジェンス」なものは牛肉だけではない。デパートの特選売り場とかホテルのアーケードに飾られた値札のゼロの数が一つ二つまちがっているとしか思えない輸入品もそのたぐいで、ああいう〝虚栄の市〟で平然と知性を侮辱されている成り金たちを英語ではスノッブという。

しかし、国産品を愛用したくとも絶対的に足りず、輸入は不可能な土地の値段となるともっとひどい。

資源なし公害つきでいつ沈没するともしれない日本列島の片隅に、日照も眺望《ちょうぼう》の保障もないちっぽけなマイホームをギリギリ建てるだけの地面を手に入れる代価をもってすれば、カリフォルニアかどこかなら陽光と緑あふれる大牧場やプールとテニスコートとリスが走る森のついた豪邸を悠々と買っておツリをもらえるのだ。どう考えてもこれは何かが狂っている。代償がお金ですむことならまだいいが、小学校のころから遊ぶ時間もなく塾に通ってのガリ勉で二度と戻らない十代の日々を灰色にぬりつぶしてまで手に入れるのが、うまくいってもせいぜい東大の入学許可というばかげた受験競争ぐらいすさまじい知性の侮辱はないだろう。

ほんとうにそれがほしければ松阪肉でもドンと来い！

こういう奇怪な世の中で知性を侮辱されずに過ごすために必要なのは、主体的な価値観と健康な平衡感覚である。

ほんとうに自分自身の欲求として何がなんでもソレがほしいと思うなら、特選松阪肉だろうが東京の土地やエルメスのハンドバッグや東大だろうが遠慮することはない。

私も思いきって欲求に殉じることは多い。たとえばすごい勢いで働いた週の終わりに恋人とふたりで互いの労をねぎらいながらホッとくつろいで過ごす宵の食事に費用など惜しまない。

こんなときになによりも松阪肉の鉄板焼きが食べたい心境だったら、もう一人前5000円だろうが1万円だろうが、ドンとこい。数日分の稼ぎを一夜にして蕩尽《とうじん》したって自分にとってちゃんとそれだけの価値があるのだから知性の侮辱にはならないのである。良識的な世間相場というものを常に認識しておく知性は必要だが、個人の内的充足の値打ちは世間相場に優先する。価値の基準は自分自身にあるわけだ。だから、世間相場として高いか安いかはあまり問題ではないが、自分の時間や労働や精神的負担の価値に換算して、あまりにも代価が高ければ、いくら強い欲求でも自己規制する。

いくら食いしんぼうの私でも、数日分ならともかく、数週間分のかせぎを一夜の宴に投じようとは思わない。

ある欲求を満たすことによって得られる喜びの価値と、その欲求のためにみずからが支払うものの価値とにバランスを維持するのが健康な平衡《へいこう》感覚である。

しかし自分自身が価値を生み出す人でなければ、こういう健康な平衡感覚は持ちえない。親譲りの土地を切り売りすればそのたびに何千万円もころがり込み、一生遊んで暮らせるような人は、自分の働きで満足を購《あがな》うあの快い手ごたえを知ることができないのだ。こういう人たちもまた、知性を侮辱されているのだといっていいだろう。

荒くれ男を手なずける喜びを料理にも

みずからの内なる収支に納得がいきさえすれば、一般的な価値基準からは逸脱するほどのぜいたくにもひるむことはない。だから私も時と場合によっては、ビールで全身マッサージされながら育つようなやんごとなき〝上流階級〟の肉や魚とも優雅なおつきあいを楽しむが、やはりこんなことは例外にしておきたいという気持ちがある。とりわけ、若い者にはそんなぜいたくが似合わない。箸でちぎれるようにやわらかい極上肉なんて老後の楽しみにとっておいて、若者はもっとしたたかな肉を強い歯でかみしめるほうがスマートなのだ。

また、ＰＣＢがいっぱいのおいしい近海魚には老い先短い先輩がたのお伽《とぎ》をまかせて、まだ何十年も元気に働かなければならない若者は安全な遠洋の冷凍魚と仲よくするよう心がけたほうがよい。

生まれも育ちも頭も人柄もよい何の申し分もない友人もけっこうだが、人生をよりおもしろくしてくれるのは、野人とか問題児とかいうたぐいの悪友たちである。荒くれ男をうまく手なずけたり、ヒステリー女をなだめすかしたりしながらはぐくんでいく友情の手ごたえは、安い材料をおいしく食べる料理の張り合いに通じる。もしぜいたくをしたければ、お金ではなく、手をかけるのが、若者らしいぜいたくなのだ。

ほんとうに煮ても焼いても食えないヤツなど、めったにいるものではない。煮たり焼いたりしがいのあるたくましい人間や食べ物とのつきあいに始終闘志を燃やしているのが、いつまでも若々しく生きる秘訣《ひけつ》だと思う。

固い肉はビールでもみほぐしてステーキに

牛ならば、オーストラリアあたりの大草原を駆けて育った筋肉隆々のたくましい輸入牛などは、相手にとって不足はない。あの大味で堅い肉をいかにおいしく食べこなすか。まず、ステーキだったら玉ねぎに盛大に応援させるシャリアピンステーキか、ビールの五右衛門風呂でもみほぐすカルボナードステーキがいいだろう。

シャリアピンは、包丁の刃先でたたいて筋を切り、やわらかくした肉をおろし玉ねぎの中に10分ほど漬けてから弱火で焼き、バターできつね色になるまでよく炒《いた》めた玉ねぎのみじん切りでおおって刻みパセリを振りかける。

カルボナードは薄切り玉ねぎをバターでペタペタになるまで炒め、小麦粉を振りかけてさらに炒め、べっこう色になったらあらかじめ両面をサッと強火で焼いておいた肉を加えて、ビールをひたひたに注ぎ、少し湯も加え、やわらかくなるまで煮て、塩とこしょうで味をととのえる。

民族資本の七つ道具でタレを作ろう

もっとペラペラの薄切り肉だったら、しょうがじょうゆにしばらく浸して焼いて大根おろしと刻みねぎを添えたり、酒でゆるめ、ごまやにんにくをすり込んだみそをからめて網焼きにしたりの日本風味がいちばん効果的である。これは豚でも鶏でも羊でも同じことで、これくらい便利でまちがいのない料理法はない。豚肉のしょうが焼きというのは、いまやサラリーマンのランチ定食のエースだし、朝鮮焼き肉も値段の割には最も満足度の大きい外食として人気が定着しているが、こんな簡単な魔法で商売人をかせがせておく法はない。だれだって〝秘伝のたれ〟ぐらい作れるのである。

別に、これが決定版という処方などありはしないのだ。前に書いたみそ、しょうゆ、しょうが、にんにく、ごまに加えて、甘口が好きな向きにはみりん、辛いのが好きな向きにはとうがらし……この七種を私は民族資本の七つ道具と呼んで最もたよりにしている。七つ道具をさまざまにかげんして組み合わせ、さらにトマトケチャップでもウスターソースでも酢でもカレーでもためしたいものは何でもためし、いちばん自分にピンとくる味をつかまるまでそう時間はかからない。

♛ わずかな肉は中国方式でゆたかに食べる

たいていで味の手あてはできても量はふやせないから、わずかな肉は野菜と組み合わせるが、この場合、私は圧倒的に中国方式を愛用している。つまり大きな中華鍋で肉と、いろんな野菜をジャーッと手早く威勢よく炒め合わせるだけのこと。肉には酒としょうゆに好みの香味も加えて下味をつけておく。牛肉の場合、この下味に少し油をたらすと、肉があまり縮まないでやわらかく焼ける。塩を振ると肉がかたくなる。また、片栗粉で皮膜をつけると材料の持ち味が逃げない。

野菜は青々と、肉はやわらかく……がポイントだから、別々に八分目ほど炒め、最後の二分を合わせて仕上げる。炒めものはひきぎわが大事なので最後の味つけでモタモタしないよう、調味料を初めから小ボールに合わせておいたほうが無難である。味つけは好き好きで、塩味だけにしてもみそやしょうゆを合わせてもよい。肉に下味をつけるし、野菜の下炒めに塩を振るから、仕上げの塩けは控えめにする。隠し味に砂糖もちょっぴり加え、酒を大さじ一杯ほど加える。

とろみをつける片栗粉もこの調味料ミックスに溶き入れてしまったほうが、簡単だ。また、上質のゴマ油を振りかけると俄然中国的な風格が増す。これはかき油でもよい。特に牛肉とかき油はよく似合う。

野菜は炒めておいしい野菜ならなんでもよいが、とりわけブロッコリー、カリフラワー、ピーマン、セロリ、しいたけ、たけのこ、なす、ねぎ、白菜、キャベツ、小松菜などが中国式炒めものにおいて肉と相性がよい。

ブロッコリーやカリフラワーなど、普通はゆでてから炒める野菜もこの場合はナマのまま炒めてからちょっと水を注いで、ふたをして炒め煮にする。

もう一つ、ちょっと意外なのは、牛肉とレタスを炒め合わせると、パリパリと小生意気な小娘が妖艶《ようえん》なレディに成長したように、より魅力的な味と歯ごたえの野菜に変わることである。

八幡巻きとかポーピエットとか、肉で何かを巻いたり包んだりする料理が和洋いろいろあるようだが、私はそんなめんどうくさい手法はあまり好まない。八幡巻きというのは、ごぼうを薄切り牛肉で巻いて甘辛く煮たもので、確かに牛肉とごぼうの相性はすばらしいが、それなら要するにいっしょに煮ればよいのであって、巻く必要は体裁以外には認められない。私だったら、この場合、ちゃんとした薄切り肉など使わず、断ち落としのこま切れをごぼうと煮て、たぶん、こんにゃくも加えるだろう。

♛ あいそうのないアメリカ式よりいじましい日本式ハンバーグを焼こう

ひき肉では、やはりまずハンバーグ。近ごろはマクドナルドのハンバーグ・チェーンが日本でも猛威をふるいだしたが、ああいうアメリカ式ハンバーグというのは、ひき肉をただそのまま丸く平べったくして焼くだけで、あいそうのないことおびただしい。アメリカでは肉のカサをふやそうなんて気は別になく、堅いものをやわらかくして食べるための手法としてハンバーグがあるらしい。だから、ひき肉《グラウンド・ビーフ》ステーキと呼ばれることが多い。日本式ハンバーグは少しの肉をたくさんに食べようと、パンとか、ねぎとか、いろいろまぜものをするわけで、いじましい知恵ではあるけれど、私はこのほうがずっとおいしいと思う。牛乳につけてちぎったパンを私はひき肉２００グラムあたり食パン1枚分ぐらいまぜる。だいたいの料理書の指定量より多めだが、私はパンでふっくりやわらかくするのが好きだ。パンのほかには玉ねぎとにんにくはもちろんのこと、セロリ、にんじんなどもあればいっしょに刻んで炒めてぶち込み、卵も一つぐらい割り入れ、塩とこしょうと、それから肉に合いそうなスパイスも数種振り入れ、チーズやベーコンやパセリも刻んで入れ、ときにはカレー粉とかしょうゆやウスターソースも加えたりして、これでもかこれでもかと複雑に味をにぎわわすが、それもそのときどきの気分や材料の在庫しだいで、まぜものはパンと玉ねぎだけのシンプルなハンバーグをからしじょうゆで食べる味も捨てがたいし、白ソースをかけるとまたグッと感じが変わってヨーロッパ風になる。

まぜものをしたひき肉を丸めて焼けばハンバーグだが、型に入れてオーブンでゆっくり焼けば切り分けて食べるミートローフになる。ハンバーグのほうが焼き目が多くて香ばしいが、ミートローフのほうがジューシーで、それは好き好《ず》き。大勢のときはいっぺんにできて能率的なミートローフにすることが多い。

豚のひき肉では、玉ねぎを刻んでまぜた小さな肉だんごをどっさり作って凍らせておくとすこぶる重宝する。中国式の揚げ肉だんごにして、からしじょうゆか塩とこしょうを添えたり、酢豚風に甘酢をかけたり、白菜、しいたけ、豆腐などのお鍋にしたり、あるいは北欧風に白いソースで煮込んだり、ロールキャベツの中身に使ったり、甘辛く炒りつけてお弁当のおかずにしたり……と、いくらでも使い道がある。用途が中華系に限られそうなときなら、たけのこやしいたけのみじん切り、しょうが汁やごま油などもあらかじめ加えた肉だんごにしておくのもよいだろう。

威風堂々肉塊料理

日本ではどうしても切り身やひき肉が肉の主流になってしまうが、ときにはドンと巨大な肉塊も使いたい。といっても、ローストビーフにはちょっと手が出ないが、豚ならいくぶん気軽にかたまりを買える。私はお客のときにはよくローストポークをメーンディッシュにする。少なくとも1キロ以上のロースを脂身を表にロールハムのように丸めて堅く縛り、塩、こしょう、にんにくをすり込み、天板に玉ねぎ、セロリ、にんじんなど香りづけ用の野菜の粗切りを敷いた上にすえ、強火で40分前後焼く。ローストビーフは中があざやかなピンクのうちにとり出すタイミングがむずかしいが、豚の生は禁物で、十分に焼かなければならないから、むしろ気が楽だ。串を突き刺してにじみ出る汁が透明になるまで焼く。途中幾度かゴロゴロころがすか、天板の中の脂をすくって上からかける。また、途中から肉のまわりに皮をむいた小粒のじゃがいもを置く。肉から出る脂にまみれてつややかなきつね色に焼き上がったじゃがいもを親衛隊にして、ローストポークは威風堂々だ。料理書によるとローストポークにはアップルソースやグレービーソースが常道だが、私はからしじょうゆがいちばん合うと思うので、ソースは作らない。

同じく豚の肉塊をゆでて冷やして薄切りにする通称〝豚のおさしみ〟もさっぱりした味で人気がある。ロースかあるいは脂のきらいな向きにはもも肉を500グラムから1キロぐらいのかたまりのまま、糸でキリリと縛り、ねぎの切れ端としょうがが一かけらといっしょにゆで、しょうゆと酒半々の中に浸して一晩ぐらい置く。

味がしみたところで薄く切り、青々とした刻みキャベツをしとねにしてきれいに並べた上に、漬け汁をかけ、溶きがらしをあしらって食べる。

若鶏を丸ごと同じようにゆでてから漬けておいてぶつ切りにすれば、中華料理の前菜でおなじみの白切鶏《パイチエチー》になる。いずれの場合もゆで汁は捨てずにスープに使う。

♛ 牛一頭の料理法を解剖学的に知る強味

アメリカに行って驚いたのは、「一ダースなら安くなる」の精神で、牛を一頭丸ごと買う家庭が少なくないことである。まさかモウモウ啼《な》くのを連れ帰るわけではなく、肉屋が解体してバラバラ事件の死体処理のように包み分けてくれたおびただしい肉の山を肉屋の冷凍倉庫の貸しロッカーにしまっておき、ときおり請け出しにゆく。いや、肉だけではない。そこには骨もしっぽも脳みそも肝臓も何もかもがあり、そのすべてを順ぐりに平らげなければならないのだ。

ステーキなどたまにしかお目にかかれない。そのときどきに食べたい種類の肉をいるだけ買う習慣に染まりきった私には、なんとも不便でやりきれない方式だったが、日本のような上・中・並……の階級制ではなく解剖学的な種分けによって、肉体各部の性向とそれに応じた料理法を知らされたのはよい経験だった。

なかでもすね肉のポ・ト・フ、オックステールのシチュー、スペアリブのバーベキューは、日本に帰ってからもよく作る。

ポ・ト・フはすね肉とは限らないが、ともかくまともには歯が立たないような堅い肉を大きくぶつ切りにしてたっぷりの水で2時間でも3時間でもやわらかくなるまで弱火で煮込み、ときどきアクをとる。次にベイリーフ2枚と塩、こしょう、丸ごとのにんじんを加え、しばらくして丸ごとのじゃがいもと玉ねぎ、またしばらくして四つ割りぐらいのキャベツ……というように、いろんな野菜をその煮え時間の長短に従って〝時差出勤〟させる。他にセロリ、かぶ、大根、カリフラワーなどを加えてもよい。

すべての野菜がほどよく煮えたところでもういちど塩とこしょうで味をととのえ、深皿にスープといっしょにたっぷりと盛る。肉は薄く切って溶きがらしをつけて食べる。これはもう体じゅうフウフウに暖まるし、さっぱりしてもたれないし、美容食としても理想的だから、私は冬の間はのべつまくなしにこのポ・ト・フを商売人のような大鍋にいっぱい作っておき、おなかがすいたり寒かったりするたびに、キャベツなど煮えやすい野菜をそのつど加えて火を入れる。毎日食べても飽きないが、三日目ぐらいになったら、トマトジュースを入れてボルシチ風にしたりして気分を変える。

スペアリブ（排骨）はウーマン・リブの象徴

オックステールは肉はかすかにしかついていないが、骨の髄から味が出て、煮込みには絶好の部分。1キロほどのテールを3～5センチにぶつ切りにして小麦粉をまぶし、ベーコンの脂で焦げ目がつくまで炒めてから厚手の深鍋に入れ、水カップ3杯、薄切り玉ねぎ1個分、トマトピューレーカップ2杯、レモン汁半個分、ウスターソース小さじ1杯、ベイリーフ2枚、塩と粒こしょう各小さじ1杯、クローブ数本、にんにく1かけらの縦割りを加えて、ときどきつぎ湯をしながら3時間ほど弱火で煮込む。次に肉以外の固形物をすくいとったあとに、にんじん、じゃがいも、玉ねぎなどを2～3センチ角に切って入れ、その野菜がやわらかくなるまで20～30分煮て、もしあれば別の湯でゆでておいた芽キャベツも加え、最後にあらためて塩やこしょうで味をととのえる。

イギリスではこのシチューにタンブリングという西洋式すいとんを浮かすことがあり、これもなかなかよいものだ。小麦粉カップ1杯、ベーキングパウダー小さじ1杯、塩小さじ1杯弱をふるい込んだボールに、牛乳カップ2/3杯、油大さじ1杯、刻みパセリ大さじ3杯をまぜたものを注いでかきまわしたものを煮立ったシチューの中にポトンポトンと落とし、ぴっちりふたをしめて煮る。15分ほどしてふたをあけると、トマト色のシチューの中に、白と緑にふっくらふくれたタンブリングがよく肥えた水鳥のようにひしめき合っていて、最高にゆたかな気分になる。

スペアリブは肉がこびりついたあばら骨。

創造主はアダムのあばら骨でエバをおつくりあそばされたとかだが、こんなにおいしいところが先祖だというなら文句はない。スペアリブをウーマン・リブの象徴にして盛大にかぶりつこうではないか。

肉も人間も骨のあるほうがおいしい

スペアリブ1キロほどを、天板に玉ねぎの輪切りを敷いた上に並べ、その上にも玉ねぎをかぶせ、たれ——トマトピューレー（甘口が好きならケチャップ）1カン、塩小さじ1、パプリカ小さじ½、ウスターソース¼カップ、水¼カップをまぜておく——をかけ、オーブンに入れ、中火で1時間ほど焼く。とり出して、酢キャベツ《サワー・クラウト》を上にのせ、汁をすくってかけ、またオーブンに入れて途中2～3回たれをかけながら半時間ほど焼く。酢キャベツがなければたれに酢を大さじ2杯ぐらい加える。

肉が縮んで露出した骨を手づかみにしてむしゃぶりつき脂とたれでギトギトに光った唇をジャブジャブ洗うように赤ぶどう酒をあおっていると、ウーマン・リブを飛び越して魔女にでもなったような豪快な気分になる。

スペアリブを中国式に言えば排骨で、豚の排骨から歯でこそげとる肉ぐらいかみしめて味の出る肉は他にないような気がする。人間でも肉でも、私は骨のあるヤツとのつきあいが好きなのだ。

肉屋で一口に切ってもらった排骨を、ねぎとしょうがとにんにくを刻み込んだしょうゆと酒の中に1時間ほど浸してから片栗粉をまぶして油で揚げ、塩、こしょうをつけながら食べると、キリがない。甘酢をかけても、普通の酢豚よりオトナの味だ。

また塩味のスープで大根の鍋を作っておき、食べるまぎわに揚げたての排骨と酒を入れて仕上げる排骨火鍋もおいしい。

♛ 団地育ちのブロイラーでも典雅な味に料理できる

骨つきの鶏の扱いも排骨と同じ。近ごろの鶏は悲しいことにみな団地育ちのブロイラーで、大地を踏みしめて悠々と育った昔の鶏のような味がない。こうして下味をつけて、から揚げにしたり、たれをまぶして焼きとりにするのがまあいちばん無難で簡単だが、あんまり平凡すぎてお客相手にわざわざ作るにはちょっと気恥ずかしい。

それでいささか気どって鶏のぶどう酒煮などはいかがかと思われる。まず若鶏のもも数本に塩、こしょうする。厚い鍋にバターを熱し、粗切りにしたベーコンとにんにくを炒め、鶏を入れ、玉ねぎ、にんじん、セロリなどの乱切りも適宜入れ、火を弱めてゆっくりと炒め、全体に焦げ色がついたら、鶏の表面にブランデーを注ぎ、マッチで火をつけると、一瞬、紫の炎が上がったあとに、エレガントな香味が残る。そこへ赤ぶどう酒（白でもかまわない）をひたひたに注ぎ、ベイリーフと粒こしょうを入れ、塩を振り、ピッタリふたをして汁けがなくなりかけるまで20～30分煮る。

もう一つわが家における鶏の自慢料理として、貴妃鶏《きひち》がある。鶏の手羽500グラム《グラム》ほど、関節より上の手羽先（あとでスープにでもする）は落とし、しょうゆと酒をからませてしばらく置き、刻みしょうがといっしょに炒めて焦げ目をつけてから、土鍋に移し、かぶるほどの水を入れ、骨が離れるほどやわらかくなるまでトコトコと煮る。太めの長ねぎの2〜3本の白いところだけを5チ《セン》ほどに切って途中から加えた鍋に、塩小さじ1杯、しょうゆ大さじ2〜3杯、酒大さじ1杯で味をつけ、ねぎがやわらかくなったら、片栗粉の水溶きを加えてとろみをつけ、ごま油を少々落として香りをつける。これは鶏もさることながら、まるでアスパラガスのようなねぎがなによりのごちそうなのだ。短冊《たんざく》に切った大根を加えてもよい。名前から考えるとかの楊貴妃の好物だったのかもしれないが、いかにもそんな感じの典雅で、しかも情熱的な味わいの鍋料理である。

肉見知りがすぎる日本人

日本人としてはかなり肉とのつきあいがいいほうに属するつもりの私だが、たやすく仲よくなれるのは牛と豚と鶏だけで、羊、馬、猪《いのしし》となるともうあまりすなおにはなじめない。獣種偏見はイケナイヨとタテマエとしては思いながらも、長年の習慣はなかなか抜きがたいのだ。

アメリカでは牛を余さず食べる人々に感心したが、ヨーロッパでは牛に限らず鳥獣ことごとくを余さず食べる人々に感心した。虫一匹殺せないような顔をしたお上品な奥さんが、台所ではごっつい包丁握りしめて、きじの頭をぶった切ったり、うさぎの皮をはいだり、鹿の脳みそをつかみ出したりしているのだ。向こうでは狩猟料理《ゲーム》の伝統が根強く、男が何を射止めてきても平然と料理するのが銃後の妻の心意気らしい。

日本にはとてもあれほどの肉食の習慣は根づかないだろうし、その必要もないが、それにしても私たちは、少し人見知りならぬ肉見知りがすぎるような気がする。もっと果敢に新しい味に心を開こう。

私は見知らぬ相手と一対一の初対面では気が重いから、にぎやかなパーティの中でさりげなく知り合うように心がけている。野外のバーベキューなどは絶好のお見合いパーティだ。牛も羊も舌も肝臓もいっしょくたにロックのように強烈なたれをジャンジャンまぶしてあかとあぶり、香ばしい煙にむせびながら競って手を伸ばすとき、もう獣種差別などしていられない。

魚に関しては常識路線で満足

魚とのつきあい方に関しては日本が世界一で、とりたてて外国から学ぶべきことはないと思う。

私の魚料理のレパートリーを指折り数えてみても、さしみ、塩焼き、煮つけ、照り焼き、天ぷら、酒蒸し、ちり、魚すき、それにちょっと西洋がかればフライかムニエル、中華風ならから揚げに甘酢あんかけ……ぐらいのもので、従来の日本の常識路線を出ることはめったにないし、それで満足なのだ。

フランスの高級レストランなどで、ひらめのすり身を小ぎれいに固めて白ぶどう酒と香草で蒸し、なにやら深々と複雑な風味の白ソースをかけた優雅な料理など食べると、ほんとうにもうとろけるようにおいしくてさすがフランスだと感心するのだが、一方その手間ひまを想像すると、ああメンド、そんなに凝らなくたって、ひらめは十分においしいじゃないかと思ってしまい、ついぞみずから同じ料理を試みる意欲はわかないのである。

パリ風ほどお上品に構えず、にんにくやオリーブを盛大に使ってジャカジャカ荒っぽく作るスペインやギリシアあたりの魚料理なら、うちでもときどきまねをしてみるが、これもやはり〝たまに来るからうれしいお客さま〟という感じで、どうも家族の一員としては定着しそうもない。

手元にある『魚料理』というクックブックのページをパラパラ繰ってみると、「さよりのチーズ焼き」とか「たかべのラビゴットソースかけ」とか「小えびのサラダ・ゼリー固め」とか「うなぎの二見焼き」とか、目の前に出てくればまあ喜んでちょうだいするにしても、自分でわざわざこんなものを作ることはないだろうなと思われる料理が次々と目にはいる。料理の先生ともなると常識路線だけでは格好がつかず、なにかしら毛色の変わった料理を紹介しようと涙ぐましい努力をなさるのだろうが、私は素人だからそんな努力はしない。

さよりやたかべやえびやうなぎが冷蔵庫にあふれるほどドサッと一どきになだれ込むような事態でもあれば話は別で、もうあの手この手と目先を変えた料理の案出に努力を傾けるだろうが、幸か不幸かそんなことはまず起こらないから、従来のレパートリーの範囲内で満足してしまう。

♛ 愛国の情に駆られる「かつおのたたき」

しかし、魚によっては大きいのを丸ごと買わされたり、大漁でバケツ一杯持ち込まれたりすることもときにはあり、そうなると私も俄然ふるい立ってバラエティを考える。

かつおは最も〝丸ごと買い〟しがいのある魚の一つ。まず頭をとって三枚におろすときは、あまり骨ぎりぎりにゴシゴシ切らないようにし、ゆたかに肉を残した中落ちをしょうがとしょうゆとみりんでキリリと煮て、骨の血合いをほじくり出しながら食べる。

さて切りとった赤身の部分は半身を縦に二つ割りして、4本の節にする。それをさしみにするのもよいが、私は断然たたき党なのだ。

1節に3〜4本の金串を扇状に刺して、強い直火で表面に軽く焦げ目がつくようにサッと焼き、すぐ氷水で冷やして金串を抜く。氷水からあげたらふきんで水けをぬぐい、1チ《セン》ほどの厚さに切って大皿に将棋倒しに並べる。その上を、刻んだにんにくとあさつきとしょうがと青じそでおおい、塩少々を振りかけ、すだちかレモンの汁をまんべんなく注ぎ、包丁でパタパタとたたいてから、ラップで皿ごと包んで冷蔵庫に入れておく。冷えたたたきを、紅葉《もみじ》おろしや酢じょうゆをあしらいながらむさぼり食べるたびに、あの有名な、「目には青葉山ほととぎす初鰹《はつがつお》」の句をあらためて思い浮かべ、日本に生まれてよかったなアと愛国の私情に駆られるのである。

かつおのたたきは、さしみを敬遠する外人にもよく受けるので、国際的なパーティにはしきりと登場させる。

人数が少なくて全部をたたきにしては食べきれないときは、一部を3チセンの角ぐらいのさいの目切りにしてみりんじょうゆの中に漬けて冷やしておき、翌日食べる。これは亡くなった祖母の好物で、なぜかゲタと呼ばれていた。切り身をみそ漬けやしょうゆ漬けにしておいて焼くのもいいし、あるいは蒸してなまり節を作っておくと、しばらく保存できて酢のものや煮ものに重宝する。

また、断ち落としのくず身は、すってみそに合わせ、豆腐と三つ葉でも入れたすり流し汁にする。

♛ 昔なつかしい藤原あきの「いわしの擂身蒸し」

ときによって安く大量にドッと出まわる魚の代表は、さばだろうが、これはせいぜいがんばっても塩焼き、ムニエル、みそ煮、から揚げ、立田揚げ、しめさば、船場汁ぐらいで、鼻につくのが早い。

いわしも、昔はやはり下魚（いや、こんな言い方は差別だから大衆魚といわなくっちゃ）の代表だったらしく、料理法がかなりよく研究されている。

母が若いころに新聞雑誌の料理記事を切りばりした古いスクラップブックが家にあり、少女時代の私は毎日その黄ばんだページを繰って飽きずに愛読したものだが、戦中戦後の非常時にはいわしの活躍がいちじるしい。各界名士が披露する「お手製十五銭料理」というのが楽しくて今でもよく覚えているが、とりわけ神近市子の「鰯《いわし》と味噌《みそ》の煮込み」、山田五十鈴の「鰯の葱焼《ねぎやき》」、藤原あきの「鰯の擂身《すりみ》蒸し」、石黒敬七の「鰯の随喜漬《ずいきづけ》」など、いわしの料理がいろいろと心に残っている。藤原あきの擂身蒸しは、「鰯一人前五銭ほどを、骨ごと擂身とし、味噌少々、みちん切りの葱少々まぜ、つなぎにメリケン粉少し入れてこね、椿《つばき》の青葉に三四分の厚さにぬり、十五分位蒸す。熱きうちに、しゃうが醤油《じょうゆ》にて食べます。お酒にも御飯にもむき栄養価も高いと存じます」というもので、この椿の青葉というところが新鮮で気に入った。そのころの私はひどく貧乏だったが庭だけはある家に住んでいたので、さっそく庭の椿の葉をむしり、浜の漁師に勤労奉仕して分けてもらったいわしをすってこの一品を作り、子供離れしたしゃれた料理だとおとなたちにほめられたものである。

自分の好きな魚一匹にほれ込もう

いわし屋という初めから終わりまで徹底的にいわしばかりで飽きさせない料理屋があるが、私もいわしのスペシャリストにならなってもよいと思うくらいに、いわしが好きだ。

どういう性格の人間にはどう対処するかなんて心理学をいろんな例題を出されて総花的に習うより、一人の男にメタメタにほれて彼の一挙一動に心をとぎすまし、彼をモノにするべく全力を傾けるほうが、ずっとよい人間勉強になるだろう。

料理もたぶん同じことである。

肉でも魚でも特に好きなものを恋人にしてそれにふさわしそうなあらゆる料理を試みてみ

るとよい。

ともかく、なにか一つ系統立った料理の木が根をなせば次々と枝が広がり、連鎖的にどんどん茂みが増して林になり、森になる。

♛ マイホーム・ブイヤベースはいかが

肉のお見合いパーティがバーベキューなら、魚には鍋ものがある。いろんな魚がごった返すものの代表はブイヤベースだろう。これは日本のレストランでは妙に気どった高級料理になってしまって、ステーキもかなわないくらい高価なうえに、あまりおいしくもない。発祥の地のフランスはマルセーユの港町でさえ、食堂で出てきたブイヤベースはつまらないスープにすぎなかった。いちばん感激的だったのは、カリブ海の島で、ダイビングの仲間たちと白い浜辺に流木や落ち葉を集めてどんどん燃やし、石油カンにグラグラ湯を沸かした中に、獲物のすべてをほうり込んで作った荒々しいブイヤベースである。伊勢えび、かます、うなぎ、コンチという大きな貝、そのほか名も知らない魚が数種類、それに原住民の家を駆けずりまわってもらい集めたトマトと玉ねぎとにんにくととうがらしを加え、そのすべての色と味とが嵐の海のようにごった返す鍋《なべ》の中身を、浜で拾った大きな貝殻でしゃくって、熱い湯げと香りにむせびながらすするのだ。

あの豪華な自然の饗宴の再現は不可能だが、マイホーム・ブイヤベースも悪くない。

材料として必ずほしいのは、はまぐりと殻つきのえびと白身の魚。魚はほうぼう、こち、たい、すずき、さわらなどがよい。

えびは背わたをとり、はまぐりは砂をよく吐かせておく。魚はぶつ切りにしてざるにとり、血合いから出た血やまだついているウロコを洗い落とすためにサーッと熱湯をかける。

魚のアラと玉ねぎの乱切りとベイリーフと粒こしょうをたっぷりの水で煮てだしをとり、ふきんでこしておく。

なるべく平たい鍋にバターを熱して、にんにくのみじん切りと、つづいてねぎを数本分短冊に切ったものを炒め、そこに用意の魚介類を入れて白ぶどう酒をドブリとかけ、だし汁を注ぎ込み、サフランを少々加えて煮立て、塩、こしょうで適当に味をつけ、刻みパセリを振る。赤く熟《う》れたトマトがある季節なら、その薄切りを少し加えてもよい。

熱い気持ちと鍋料理で人を暖める女になりたい

親しい友だちとブイヤベースの鍋を囲みながら、よく思い出すのは、やはり母の古いスクラップブックの中に見つけた岡本かの子の「恋人に喰《た》べさせたい鍋料理」という文章である。あるいは談話かもしれないが、原文のまま引用する。

「私にもし恋人があるとすれば、やはり芸術家の思索家でせうよ。その人は、考へ、かつ、夢を持ち詰めてるでせう。のぼせ勝ちでお覚えが悪いやうに想像されるのよ。寒い木枯《こがらし》の音を聞き乍《なが》ら私の処へゐらっしゃるかもしれないわ。私は、柔かい温かいものでも食べさして差し上げ度くなるでせうよ。

魚スキ、どうでせうね、こんなお料理は。火をいそいそと私はおこすでせうよ。早速サカナ屋へ電話をかける。

小さい切身のスズキ、タイ、ヒラメ、その他白いオサカナ類なんでも。そしてカマボコ、チクワ、かたいけれど貝類を添へて少々——野菜、セリ、ホーレン草、シラタキ、ネギ（玉ネギにあらず）、ヤキドーフ。一寸《ちよつと》紅や青のついた花形の「フ」など交ぜるもいいわね。これらを可愛く切って木の盆皿の大きいのへ白菜の広いところを敷いて盛り合せます。あとは土鍋か鉄鍋へミリン、サトー、オシタジで――でもこんなお料理誰でも知ってるでせう。ただ私の別のやうに考へられるのは愛情と共に煮乍ら喰べさせて上げるといふ処にあるの」

これを読んだとき、子供心に岡本かの子ってきっと天女のような顔をしたとてもすてきな人だろうなと思ったのを覚えている。そして私も熱い気持ちと鍋料理で人を暖める女になりたいと思った。

私が書いている料理も、ほとんどはおそらくだれでも知っているようなものばかりで、事あらためて作り方など書くのは気がひけるのだが、たいせつなことは何よりも作る心にあるのだから、その〝作る心〟をいささかでも励ますためと思って、悪びれずに書きつづけることにする。

六章

野菜は伸びやかな感覚で食べよう

野菜料理

♛ 野菜は伸びやかに食べたいもの

数ある店々の中でも、八百屋ぐらい生き生きとカラフルで明るい店はないのに、そこではあんなにみずみずしく若やいでいた野菜が、どうして食卓ではしょぼんと隅のほうに縮こまってしまうのかと、いつも不思議に思う。まるで女学校時代はクラスの華《はな》だった陽気な少女たちが、社会に出ると脇役の座に追いやられ、無気力で退屈な女としてしょぼくれていくのと同じような感じがする。だから私は、ウーマン・リブと同じように、野菜リブを唱えたい。野菜がなにも肉や魚を圧倒すべきだとも思わないが、もっと大きな顔をして肉や魚と対等な地位を占め、食卓に堂々と肩を並べてほしい。

野菜だって、いまや高いのだ。作る手間を思えば当然だと思うが、ともかくギョッとするほど高くなった。値段からいって、肉や魚と同じくらいのウエートになってしまったのだから、野菜にも大いに重い役を振るべきだと思う。

野菜はつけ合わせという観念を捨ててしまおう。肉や魚の皿の隅にチマチマッと申しわけ程度にある野菜では、とてものの足りない。野菜は野菜でドカッと正面きって食べたいものだ。

つけ合わせの野菜というのはその種類においても妙に貧しい。レストランのステーキについてくるのは、なぜかたいていフライドポテトだし、舌びらめのムニエルなら、粉ふきいもがたった一つだし、つけ合わせというとやたらじゃがいもが現われるのもどうも気に入らない。じゃがいももおいしいけれど、どうせごはんやパンといった主食に炭水化物がいっぱいなのだから、野菜までデンプンのかたまりでなくてもよいではないか。私もじゃがいもをつけ合わせにすることはあるが、フレンチ・フライドポテトのためだけに揚げ油を熱するのはオックウなので、たいていハッシポテトにする。じゃがいもの乱切りをゆでてから、肉などの主菜を焼いたあとの脂や肉汁が残ったフライパンでシャガシャガとケバ立つように炒めて、塩、こしょうする。ベーコンを加えればなおさら味が深まる。あらかじめゆでる時間が惜しいときは細いせん切りにしてたっぷりの油で透き通るまで炒めるのも、シャキシャキした歯ごたえでおいしい。

じゃがいも以外では、ペタッとやわらかすぎのさや豆や妙に甘いにんじんのバター炒めがレストランのつけ合わせの典型だが、これもおよそ野菜らしい伸びやかさに欠ける。こういうにんじんは櫛《くし》型に切って煮くずれしないよう面とりをするように教えられたが、私はそんなめんどうなことをしたことがない。煮る手間さえ省いて前述のじゃがいも同様にせん切りにして、生のまま炒めてしまうことが多い。

じゃがいもやにんじんのせん切り炒めは、しょうゆやごま油を振りかけて中華風の味つけにしてもおいしい。

♛ ほうれんそうは生でも食べられる

にんじんやじゃがいももよいけれど、私はもっと青い菜っぱをモリモリと食べたい。菜っぱといえば、まず思い浮かべるのはほうれんそうだ。子供のころからポパイの漫画でさんざんたきつけられたから、これは大いにタメになる野菜だという信仰がある。もっとも、ポパイが危難至るとやおらとり出して口にほうり込み、とたんにメリメリ元気づくあのほうれんそうのカンづめは、アメリカでお目にかかったが、ドロドロの宇宙食みたいであまりイタダケナイしろものだった。

だいたい西洋では青い菜っぱをやわらかくゆですぎる。それをさらにバターで炒めるのだからもうペーストみたいなもので、青野菜らしいさわやかさに欠ける。

私は日本式の青々としたゆで方をとるが、さらに好ましいのは強火でサッとすばやく炒める中国式である。

ほうれんそうの食べ方で私がいちばん気に入っているのは、昔、台湾から亡命してきてしばらくわが家に居候していた、台湾独立運動の志士と称する青年が教えてくれたカレー酢炒めである。

牛のこま切れでもひき肉でもいいからほんのちょっぴりを炒めた上に、ほうれんそう1束を加え、しんなりしかけたところへ、酒大さじ1杯、しょうゆ大さじ1杯、酢大さじ1杯、カレー粉小さじ1杯、塩小さじ半杯、砂糖小さじ半杯、片栗粉小さじ1杯を合わせた汁を振りかけ、手早くまぜ、汁けが炒り上がったら火を止める。

意外に思う人が多いかもしれないが、ほうれんそうは生でも食べられる。私はしばらく貧血に苦しんだ時期があり、鉄分をとるためにほうれんそうを盛大に食べていた。どうせのことなら生のままのほうが効率がよかろうと思って研究してみたら、ほうれんそうのサラダというのがあって、それがちゃんとおいしいのである。レタスやサラダ菜と同様にただ洗って切ってフレンチドレッシングをかければよいのだが、それがおもしろいことに、なぜかほうれんそうだけでは格好がつかない。ベーコンをこまかく刻んで焦げる寸前までカラカラに炒めて脂っけが落ちたもの、つまりベーコン・クリスプをサラダボールのほうれんそうにまぜ合わせるのが必須条件なのだ。

もう一つ、やはり生で食べるのがおいしいものに、白いマッシュルームがある。切り口がすぐ黒ずむから、スライスしたらただちにレモン汁かドレッシングを振りかけること。

このマッシュルームを、ほうれんそうのサラダに加えてもよい。さわさわととても楽しい歯ざわりだ。

和風にも中華風にも使いこなせる西洋野菜

マッシュルームの白ぶどう酒煮も私の好物の一つ。石づきを切って濡れ布巾で拭ったマッシュルームをスライスし、強火で1～2分サッとバター炒めして皿に上げ、あいたフライパンにこんどは玉ねぎの薄切りを入れ、弱火でゆっくりとやわらかくなるまで炒める。そこへ白ぶどう酒をひたひたに注ぎ込み、月桂樹の葉も入れて、ぶどう酒が半分ぐらいになるまで煮つめる。そこへどけてあったマッシュルームを戻し、塩とこしょうで味をととのえ、5分ほどさらに煮つめてから、皿に盛り、刻んだパセリを振りかける。このマッシュルームをはじめ、いわゆる西洋野菜というのは、日本ではまだ使いこなされていないようだが、カリフラワー、ブロッコリー、芽キャベツ、グリーンアスパラガスなどはとても重宝な野菜なのだから、もっともりもり使ったらよいと思う。

このいずれも、まず、塩を1つまみ入れた湯で、くれぐれもゆですぎないように、まだ心もち歯ごたえがかたいぐらいのところまでゆでる。ゆでたてにバターと塩、こしょうだけでも十分においしい。ホワイトソースやチーズソースをかければ、いっそうのごちそうになる。

カリフラワーはカレーの味とも相性がよい。カレーの残りでもあったら、暖めてまぶしてみよう。

芽キャベツはビーフシチューなど、トマト味のソースによく似合い、赤の中の緑は彩《いろど》りとしても美しい。

これらのゆで野菜を冷やせば、もちろんサラダにも加えられる。サラダはなにも生野菜ばかりである必要はないのである。

グリーンアスパラガスは熱いうちにドレッシングをかけてホットサラダにしてもおいしい。

アスパラガスは繊細な野菜だからゆで方に注意を要する。束の根元を縛って鍋《なべ》の熱湯に根のほうを下にしてつけ、穂先のほうは湯の表面からちょっと出し、湯げで蒸れるぐらいにして差をつけておかないとかたい根っこがやわらかくなるころには、やわらかい穂先がくずれてしまいかねない。

かたゆで卵をこまかく刻み、マスタードをまぜ、フレンチドレッシングでのばした黄金色のソースを、青々とゆで上がったアスパラガスにかけると、目にもあざやかな一品になる。

グリーンアスパラガスには日本的な装いもよく似合い、削り節としょうゆをかけたおひたしにしても、豆腐で白あえにしてもおいしい。

すばらしいジャパニーズサラダ——ぬかみそ漬け

美容には野菜、野菜といえばサラダという観念が近ごろの若い女性の間にはかなりよく行き渡っていて、馬がマグサをむさぼるように、バリバリひたすらサラダばかりを食べる人もいるが、あれはいささか難行苦行の趣がある。私にとってのサラダは主菜ではなく、リフレッシュメントとして、脇に控えるものである。脇役とはいっても、毎度必ず食卓にのせたい重要な存在だ。

漬けものは普通ピクルスと訳されるが、ぬかみそ漬けとか一夜漬け、即席漬けといった新鮮な漬けものは、ピクルスというよりサラダというべきだろう。

色あざやかななすやきゅうりやキャベツのぬか漬けをさくさくと切って鉢に盛るたびに、これほど傑作なサラダが他のどの国にあろうかと思ってしまう。所帯じみた見苦しさをそしるのにぬかみそ臭いなどという言葉を用いるのは、世界に冠たるジャパニーズサラダへの冒瀆《ぼうとく》である。居所定めぬ旅がらすではしかたがないが、毎日一度は帰る家を持つ人なら、ぬかみそぐらいたくわえおきたいものだ。団地の台所ではぬかみそなど置く場所がないという人もいるようだが、漬けもの壺を床下や土間の隅っこに隠し置くという陰湿なイメージにとらわれることはない。私はスペインで買ったマジョルカ焼きの派手派手しい花柄の壺にぬかみそを漬け込み、表立ったところ（といっても太陽があたるようなところでは困るが、日本の台所はだいたい北向きの冷暗所だから大丈夫）に堂々と据えている。台所の装飾にもなるし、その上におもしの陶板を乗せてあるからちょっとしたスツールにも物置きにもなる。毎日一回こまめにかきまわしていさえすれば、けっしてぬかみそ臭くなったりはしないものである。

おもしろいことに、海外生活で初めてぬかみそ漬けの習慣を身につける人が多く、私もその一人である。外国では日本の漬けものが手にはいりにくいから、やむをえず自分で作り始めるわけだが、いちど味をしめると、日本に帰ってからも買ったものでは気がすまなくなる。

ぬかみその基礎作りは、まず米ぬか1キロをふるいにかけて炒《い》り、水5カップに150グラムの塩を煮溶かしてさましたものを注いでまぜてから、赤とうがらし7〜8本、皮をむいたしょうが7〜8個、ゆずの皮2個分、なるべく若いこんぶ100グラムをまぜる。そこへ野菜くずやくだものの皮を漬けては毎日とりかえてよくかきまわし、一カ月ぐらいかけてぬかをならす。残ったパンやビールをいれてもよい。

こうしてぬか床ができ上がれば、あとは腐らせないよう毎日の手入れを欠かさずに大事に維持し、季節の新鮮野菜を毎日漬けてはころ合いにとり出す。なすやきゅうりは半日、かぶやキャベツは1日ぐらいが一応の目安だが、気候によっても違うから、これは体験的にタイミングを会得していくよりほかない。

♛ わが一期《ご》一会《え》ドレッシングについて

近ごろさまざまなサラダドレッシングが売られているが、レディメイドのドレッシングを買うのはでき合いのぬかみそ漬けを買うよりも、さらに不精でバカげたことだ。これこそ最も自分自身で作るべきものの一つではないか。

いちばんよく使うフレンチドレッシングの作り方を本で見ると、たいてい油2に酢1の割合になっているが、私にはこれでは少し油が多すぎるように思われるので、だいたい油と酢を半々に合わせ、その上にさらにレモンを少し絞り込んだりして、いくぶん酢のほうが勝った割合にする。ただし、これはあくまでも私個人の好みだから、すっぱいほうが好きな人とか、あまりすっぱくないほうが好きな人とか、それぞれの好みに従って自分自身の割合を選べばよい。

外国のレストランでは、油と酢を別のびんに入れて食卓に出し、各自のサラダボールにそれぞれ適宜に振りかけるようになっていることが多い。それほど、ドレッシングというのはパーソナルなものなのである。大量生産の押しつけがましいでき合いドレッシングなど、サラダの精神にもとることおびただしい。

油と酢のほかには塩とこしょうがドレッシングの基本だが、私はそれだけではサッパリしすぎていささかもの足りず、刻んだ玉ねぎやパセリ、すりおろしたにんにくを加えてかなりこってりと強烈なドレッシングにする。そのほか薬味棚に並ぶさまざまなスパイスのうちサラダに合いそうなものをそのおりおりの気分であれこれ振り込んだり、ケッパーやオリーブやアンチョビーがあればそれも刻み込むことが多い。ブルーチーズを砕いて溶かし込み、ロックフォールドレッシングにすることもある。ときどき油をオリーブ油にしたり、酢をワインビネガーやりんご酢にしたりするのも気分が変わっていいものだ。特に、いかやたこを加えた地中海風のサラダには、オリーブ油がよく似合う。

以上は洋風ドレッシングだが、青じそ、しょうが、炒《い》りごま、わさびなどをあしらったりみそやしょうゆを使ったりして和風ドレッシングにすることもある。

ドレッシングとはそのつど、野菜の種類とか、他の皿との調和とか、さまざまな状況を考え合わせて臨機応変に調合するものなのだ。これこそ最も個性的な選択の場であり、妖《あや》しげで楽しい現代の錬金術でもある。

私はいつもチョビチョビなめて味をみながらあれもこれもとスパイスを加えていき、二度とは同じ物を作れないほど複雑怪奇なドレッシングにしてしまうので、「一期一会《ごえ》ドレッシング」と称している。ときにはどうにも収拾がつかなくなるが、そんな失敗を補ってはるかに余りあるほどの偶然の成功も多い。わが一期一会ドレッシングに配する野菜の種類もまた際限がない。

生のままでよい野菜だけでも、トマト、きゅうり、サラダ菜、ちしゃ、レタス、うど、マッシュルーム、ピーマン、大根、セロリ、オクラ、にんじん、山いも、キャベツ、ねぎ、赤かぶ、クレソン、せり、三つ葉、みょうが……エトセトラと数えきれないが、その他の野菜ももやしやえのきだけのようにサッと湯がいたり、カリフラワーやじゃがいものようにゆでたりすれば、ほとんどなんでもサラダになる。海草や肉や魚貝の仲間入りも大いに歓迎されるべきである。

私はポテトサラダにはあまり興味がなく、とりわけあのおそうざい屋で売っている一舟いくらのべチャべチャしたポテトサラダなど頼まれても食べたくないが、最近覚えたフランス式のたらとポテトのサラダはとても気に入ったので紹介しておこう。

生たらか、あるいはごく甘塩のたらの切り身に、クローブという黒い小さな釘のようなスパイスをブスブスと突き刺してゆでてから、クローブを抜きとって身をほぐす。別にじゃがいもをゆでて、サクサクと薄く切ってたらとまぜて皿に盛り、刻んだパセリを振りかけ、にんにくのきいたフレンチドレッシングをかける。

「貧乏人のキャビア」なすのすてきな料理法

なすは私が最も愛用する野菜の一つである。焼きなすやみそ田楽など、日本にもすてきにおいしい食べ方がいろいろあるが、なすは中東で特に人気のある野菜で、「畑の肉」とか「貧乏人のキャビア」とか呼ばれ、料理法もたいへんバラエティに富んでいる。

その最も代表的なものはムサカだろう。

なす4~5個を薄切りにして塩水で1時間ほどアク抜きしてから両面をさっと炒め、油をきっておく。玉ねぎ1個を刻み、きつね色に炒め、羊か牛のひき肉400《グラム》を加えて色が変わるまで炒め、塩とこしょうで味をつけ、あればオールスパイスかシナモンを振る。そこで刻んだトマト1個分と、トマトピューレー、刻みパセリ、水をそれぞれ大さじ3杯ぐらい加えてよくまぜ、水けがなくなるまで15分ほど煮る。それを耐熱ガラスのキャセロールになすと交互に幾層かに重ねていく。いちばん下といちばん上の層はなすにする。

次に別鍋に濃いめの白ソース《ベシャメル》を作り、卵の黄身一つを溶き入れてよくかきまぜてから、前記のキャセロールの表面にたっぷりとかぶせる。中火オーブンで少し焦げ目がつくまで40分ぐらい焼けばでき上がり。なすやトマトの色がまじり合った情熱的な色合いの断層がガラス越しに見えて、とても華やかなキャセロールである。

名前は知らないが、なすとトマトのもっと簡単な中東料理もよく作る。厚く輪切りにしたなすを塩水でアク抜きしてからにんにくの粗切りといっしょにたっぷりのオリーブ油でやわらかくなるまで炒め、そこへなすの半量ぐらいのトマトを刻んで加え、ゴシャゴシャにまぜながら水けがなくなるまで炒め、刻みパセリも加え、塩と黒こしょうで味をととのえる。これは熱くても冷たくてもおいしい。

中東やバルカンの国々では野菜に詰めものをするのがさかんで、ピーマン、なす、トマト、きゅうり、玉ねぎ、キャベツ、アーティチョークなどさまざまな野菜が、ひき肉や米などをどっしり腹に詰めて、威風堂々という感じで現れるのが楽しい。

最も典型的な詰めもの《フィリング》は、羊か牛のひき肉と洗った米少々と、皮をむいて刻んだトマトと干しぶどうと刻みパセリと、塩、こしょうと、それからシナモンやオールスパイスなどの香辛料とをよくまぜ合わせたもの。

これをたとえば、玉ねぎの皮をむき、10分ほど丸ごとゆでてやわらかくしてからスプーンで穴をうがった中に、少しすきまを残して詰める。それをびっしり身を寄せ合うように並べた鍋に玉ねぎの丈の半分がつかる程度の水かスープを注いで、水がなくなるまでゆっくりと煮る。オーブンで焼いてもよい。

♛ 簡単にできる朝鮮風野菜料理「ナムル」「大根のキムチ」

こういう中東風はかなりクセが強くて必ずしも日本人の口に合わないし、かなりめんどうでもあるから、私もときたま気分転換に試みる程度だが、朝鮮風野菜料理はしごく便利で、ふだんの食卓に始終応用している。

焼き肉屋によくあるあのもやしと小松菜とぜんまいのナムルは特に簡単で、いずれもさっとゆでてさましたものをボールに入れ、白すりごま、ごま油、塩、一味とうがらしを振り込んであえるだけのことだ。

キムチはまあ買ったほうが無難だが、大根のキムチは売っていないので、ときおり自分で作ってみる。大根1本の皮をむき、厚さ3～4ミリの短冊かいちょう切りにし、ねぎ1本、せり1束、にんにく30グラム、しょうが30グラム、赤とうがらし数本をそれぞれせん切りにしたものと、大さじ5杯の塩とを加えてカメに入れてまぜ、カップ10杯の水を注ぎ、冷暗所に1週間置く。たくあんを作るよりずっと簡単だ。

♛ 盛装した大根料理「ぶりと大根の鍋」

大根といえば、私にとってこれほど有用な野菜はない。国技のすもうとか国花の桜のように国菜を定めるとしたら、日本の国菜に私は断然、大根を選びたい。

大根おろしやみそ汁の千六本がすっかり肌になじんだふだん着だとしたら、ときにはどっしりと盛装した大根料理も楽しもう。ぶりの出さかりに、私は必ず一度はぶりと大根の鍋を食べる。

ぶりは切り身をさらに一口ぐらいの大きさに切り、塩を振っておく。大根は厚い輪切りにし、塩を入れたたっぷりの水で箸が通るくらいまでゆで、ざるに上げる。別にだし汁をいっぱい作っておく。土鍋に酒を1カップほど煮立ててから大根と、それがどっぷりつかるくらいのだし汁を入れ、しょうゆ、塩、砂糖で薄味をつけて弱火で20〜30分煮てから、熱湯をかけ皮のウロコをよくとったぶりを加え、ときどきアクをすくいとったり、だし汁をつぎ足したりしながら、またゆっくり気楽に煮つづける。味をみながら調味料も適宜追加する。大根がぶりの味をよく吸い、舌にとろけるほどやわらかく煮えたら、最後にゆずの皮を細く糸切りにして散らし、土鍋のまま食卓に供する。

ぶりのかわりに、あさりのむき身やいかといっしょに煮ることも多い。

大根をゆっくり煮こむようなときには、私は皮をむかないが、むいたときはその皮を細切りにして、ごぼうのようにキンピラにする。

大根の葉は近ごろほとんど店先で切り捨てられる運命にあるようだが、こんなビタミンの宝庫をゴミにするなんてもったいない。まずいものならともかく、わざわざ1束いくらで買ってくるいろんな青い菜っぱに負けない味なのだ。私はやわらかくゆでてから水にさらして絞り、こまかく刻んでごまあえにしたり、洗って水けをぬぐいとり、広げた葉をパリッとから揚げにしたり、こまかく刻んで、豚こまやねぎも加えて炒め、塩またはしょうゆで味をつけ、隠し味に砂糖もちょっぴり加えて最後にごま油を振りかける中華風炒めものにしたりする。

かぶとその葉っぱの食べ方はほぼ大根と同じだが、かぶのほうが洋風、中華風にも向き、ポトフやクリームシチューに入れたり、油揚げや鳥の皮などと炒め煮にしたりすることが多い。それから、ときたま年寄りのお客などを凝《こ》った純日本料理でおもてなししようと殊勝に思い立ったりしたときに作るのが、京風かぶら蒸し。2人分として200グラム《グラム》ほどのかぶの皮をむいてすりおろし、裏ごしの上にのせて軽く水けをきり、卵白1個分、塩1つまみ、みりん小さじ1杯をまぜる。甘だいとか、すずきとか、はもとか、なるべく上品な白身の魚の小さな切り身をしばらく塩をしてから洗い、生しいたけ、ゆでたけのこ、ぎんなんなどとふたつきの器に盛り合わせ、しょうゆと酒を少々振りかけ、その上をおろしたかぶでおおい、ふたをしてよく湯げの立っている蒸し器に入れ、10分余り蒸し、火からおろす寸前に三つ葉をのせる。だし汁に塩、しょうゆ、みりん各少々で味をつけ、片栗粉でとろみをつけたあんをかけ、ゆずの皮を削るかわさびをおろすかしてちょっぴり添え、焼きのりを少々刻んで振りかけて供する。いささかめんどうだが、それだけにぐっと本格的なお花など生けたように優雅な気分を味わえる。

♛ 野菜こそ四季の花

お花といえば、私には華道のたしなみがないが、私にとって野菜こそが四季の花々である。年々季節感が希薄になるばかりの都会生活の中で、私はせめて八百屋の店先で野菜のシュンをとらえては、できる限り食卓に季節を生けるように心がけている。

春――もぐらのようにそっと首を出して春のきざしをまっ先に知らせてくれるふきのとうは、

おひたしか佃煮にする。ほろ苦いオトナの味だ。しかし、これはあまり八百屋に現われないのがくやしい。

同じくなかなか買えないものに、冬たけのこがある。普通のたけのこが出まわるのは五月だが、その前にまだ土の下にある10センチ足らずの赤んぼうを掘って一山いくらで売っているのが冬たけのこ。むいてもむいてもほとんど皮で、中身はほんの指1本分ぐらいだが、それだけにやわらかくアクも弱いからゆでる必要がない。そのまま薄く切り、高菜漬けを洗って刻んだものといっしょにごま油で炒める。高菜の塩味でちょうどほどよく味がつくから、味つけの必要がない。ほのかないがらっぽさがなんともいえない風雅な精進料理である。

ついでだが、この高菜漬けはとても便利なものだ。冬たけのこに限らず、豚やいかの細切りと炒め合わせてもおいしい。その場合は、しょうがとにんにくのみじん切りも加えよう。

子供たちを引き連れて、つくしを摘《つ》める野原をさがし歩くピクニックは、私の春の行事だが、年々歳々野原が遠くなる。いずれ、つくしは宝石のように得がたい珍味になってしまうのだろう。そう思って、毎年少なくなる一方の収穫を大事にいとおしみながら賞味する。これははかまをとってゆでてから絞り、しょうゆとみりんで煮る。

その他、わらび、ぜんまい、つわぶき、山うど、たらの芽、しどけ、みず……などなど、春の山菜を指折り数えるだけでもわくわくしてくる。ディスカバリー・ジャパンの広告から抜け出したような若者たちが群がる地方の朝市によくその土地の山菜が並べられているが、若者たちはガラクタの古道具にばかり気をとられて、山菜にはほとんど見向きもしない。〝古き佳《よ》き日本〟〝ふるさと〟にあこがれるのなら、まずこういう大自然の味覚に親しむことを知ればよいのにと思う。どうやって食べるかは物売りのオバサンに尋ねれば、トツトツと教えてくれるだろう。私は、だいたいまずアク抜きをしてから最も素朴なおひたしとして食べるが。たらの芽やしどけは天ぷら、ぜんまいはみそ貝焼き、わらびやみずはたたきにしてもおいしい。

たけのこは、近ごろ水煮がいつでもあるが、やはり土のついた皮のまま買ってくるシュンのたけのこは絶対に逸しがたい春の味覚だ。ふきやわかめとの炊き合わせ、木の芽あえ、たけのこ飯……と、ひととおりは食べておきたい。新じゃがいもは煮ころがしにして鶏のそぼろをかけ、さやえんどうを添える。

そら豆が出てきたら、いささか高いけれどお歯黒がつかないうちに急いで買いたい。青々と塩ゆでにしたそら豆をつまみ、熱い皮を破ってブルッと飛び出すふくよかな豆を舌に受けるときだけは、若い処女をほしがる男どもの気持ちもわかるような気がする。お歯黒がついた年増《としま》の豆は皮にちょっと切り口をつけてから、甘辛く煮て汁がなくなるまで炒《い》りつける。

夏―きゅうり、トマトはこのごろいつでもあるけれど、やはり夏がいちばん。自然に育ったものは塩を振って食べるだけでも十分においしい。

なす、かぼちゃ、みょうが、オクラ、ししとう、しそ、にんじんなど、ありったけの野菜を集めた精進揚げの饗宴《きょうえん》は夏バテ防止にこの上もない。

秋―お月見のころには、たとえマンションの窓の月でも、やはり枝豆をゆでて里いももきぬかつぎにして、初秋の風雅を楽しもう。

秋が深まると、きのこがいろいろ現われて、春の山菜同様の楽しみがひとしきりつづく。山里へ旅したおりはこまめに市をながめたり、宿の人に頼んだりして、珍しいきのこを味わってみよう。これもだいたいごく素朴に煮たり焼いたりするだけで十分おいしい。

冬―白菜と大根とねぎがどっしりと貫禄をつけて頼もしいきせつ。風もふところも寒々しいときにはしごく経済的で量感あふれる白菜の鍋、砂鍋獅子頭《シャーゴーシズトウ》でホッカリと暖まろう。

まず、豚ひき肉400g《グラム》ほどに（必ずしもこんなにたくさんはいらないから、適当に）ねぎ1本のみじん切り、しょうが1かけのすりおろし、卵1個、しょうゆ大さじ1杯、酒大さじ1杯、こしょう少々、片栗粉大さじ2杯をまぜてよく練り、四つに分けて長方形のだんごに丸める。油を熱し中火にしてだんごを入れ、表面がきつね色に色づくまで揚げてとり出す。あとで煮込むから中まで火が通る必要はない。

次に白菜半株を縦半分に切ってから5《チ》《セン》ぐらいのそぎ切りにする。干ししいたけ数枚をもどし、これもそぎ切りにする。中華鍋に油大さじ2杯を熱し、最初にしいたけを入れて香ばしく炒めてから白菜を加え、塩小さじ1杯半をすぐ入れて（これが大事）炒め、つづいてしょうゆ大さじ1杯、砂糖小さじ1杯を入れる。この白菜の三分の二ぐらいを土鍋に入れた上に肉だんごを置き、残りの白菜をかぶせ、湯6カップを注ぎ、しょうゆ大さじ1杯、砂糖小さじ1杯、酒大さじ1杯を加えて弱火で20〜30分煮込む。煮えたら、レンゲで肉だんごをくずしながら白菜といっしょにたべる。

野菜といっしょに大いに食べたい豆腐、海草類

豆腐や海草類も野菜のうちである。

盛大に野菜を食べたい気分のときによく作るのは家常豆腐《ジャージャン》。まず、1〜2《チ》《セン》の厚さに切った豆腐を、斜めにしたまないたにふきんを敷いた上に並べてしばらく水をきり、指先に塩少々

をつけて、豆腐の外側に薄くぬりつけ、高温の油で揚げる。これがつまり日本の〝揚げ出し〟で私の大好物だから、急きょ大根おろしか、しょうがじょうゆなど作って、揚げたてを一つ二つつまみ食いせずにはいられない。

さて、家常《ジャージャン》豆腐のほうは、まず、しょうがとにんにくのみじん切りと豚のこま切れを炒め、その上に種子をとってみじん切りにした赤とうがらし1本分ぐらいといろいろな野菜、とりわけたけのこ、さやえんどう、ピーマン、しいたけ、カリフラワー、ねぎなどをいっしょにぶっ込んで炒め合わせ、揚げ豆腐を加え、みそ大さじ1をしょうゆ大さじ2で溶かして入れ、酒も少々振りかけてさらに炒めながらよくまぜ合わせる。

揚げ豆腐をベースにした中国料理をもう一つ。甘塩のたらこ片はらの薄皮をむいてほぐし、フライパンに入れ、ラードと酒各大さじ1杯、しょうゆ小さじ1杯を加えて弱火で煮立てたソースを、揚げたての豆腐にかける。これは魚子豆腐《ユイツウトーフー》といい、本式にはえびの子（蝦子《シヤツウ》）とかき油で作ったソースをかけるらしい。

おからやひじきをそうざい屋で買う人がふえたのも嘆かわしい傾向だ。もっとも、近くに豆腐屋がなくておからを入手しにくいので、私もしかたなくときどきはそうざい屋のおからを買い、あさりのむき身など加え、酒を振りかけて炒り直す。

ひじきのでき合いはたいていあめ煮みたいに甘すぎてどうにも救いようがないが、幸いこういう乾物はいつでもどこでも手にはいる。水に20分ほど浸してもどしたひじきを、洗ってざるで水をきり、油炒めしてからだし汁を加え、油揚げのせん切りなどといっしょに、しょうゆやみりんで好みの味にして、20〜30分煮る。

ひじきにしてもおからにしても、すき焼きや煮ものの残り汁などがあればそれを味つけに利用するにこしたことはない。

七章

オードブルはおしゃべりのセンスで

オードブル

♛ 心貧しきオードブルとは

いつか大島渚《なぎさ》さんが、「昔のクラスメートで今は中堅管理職といったようなやつの家で酒飲んでると、出てくるものはハムで巻いたチーズときゅうりかなんかでさ、ああ、われわれの世代はせいぜいこの程度なのか、貧しいんだなあ……と悲しくなるよ。情けないよ」と慨嘆していらっしゃるのを聞いて、私も全く同感だった。しかし、もてなしたほうがこれを聞いたら、いったい何が悲しいのか情けないのかわからなくてキョトンとしてしまうことだろう。

そこの奥さんにしてみれば、たいへんソツなく気のきいたオードブルを出したと思っているだろうし、だんなのほうも、うちの女房はなかなかセンスがいいと思って満足だろう。小ぎれいなマイホームに車も電子レンジもそろい、女子大出の女房がカルダンのエプロンかけて、しゃれた料理を作ってくれる……くじらのベーコンや、するめの足で焼酎《しょうちゅう》あおった学生時代のコンパから思えば夢のようなこの饗宴《きょうえん》を、何ゆえに大島渚さんが貧しいというのかと、理解に苦しむに違いない。それは別に、ハムでチーズやきゅうりを巻くのが悪いわけではない。むしろこれはとてもけっこうな組み合わせで、酒の肴《さかな》として難のつけようはないのだが、ただなんとも月並みにすぎるのである。

言葉にも月並みな決まり文句というのがある。新聞によると商売繁昌の業者は必ず「うれしい悲鳴をあげ」、判決を聞いた犯人は「ガックリと肩を落とし」、寒い日には、街行く人が「コートの衿を立てて足ばやに歩く」のだ。こういうあまりにありふれた紋切り型の表現がいっぱいあって、器用な人ほどかえってそれを右から左へスイスイ気軽に使ってしまう。

紋切り型のいずれを見ても確かに心にくいほどうまい表現だ。だれかが初めてその言いまわしをしたときは非常に鮮烈に響き、なるほどと感心させられたことだろう。

しかし、次々に口まねを呼んで乱用された表現は、手あかがついて鮮度が落ち、気恥ずかしいほど陳腐《ちんぷ》なものになっていく。だから、便利でつい使いたくなるような決まり文句はなるべく使わないようにがまんして、そのつど自分で新しい言いまわしを考え出す努力がたいせつなのだ。

♛ 言葉も食物も組み合わせにくふうがたいせつ

私たちはもうすでに何千何万という単語を知っているのだから、その組み合わせは無尽蔵といってよい。以前にだれかがうまいぐあいに組み合わせてくれたレディメードの言葉にばかりたよる安易さは、その人の思想まで安っぽく陳腐なものにしてしまう。

どうせ読み捨てにされる文章をいつもバタバタ大あわてで書く新聞記者が、便利なレディメードの表現で間に合わせるのはまあしかたがないが、個人的な手紙とかひざ突き合わせた対話で、そういう紋切り型の言葉を使うのは興ざめなことである。親しい人、たいせつな人相手には、必ず自分の言葉を自分で選び、組み合わせながら使うように心がけたいものだ。

おびただしい言葉があるように、おびただしい食物があり、それをどう選んでどう組み合わせればいちばんおいしいかと、こまやかに考え、くふうするのが料理というものである。

もちろん、何もかも初めから自分で考え組み合わせろというわけではない。歴代のすぐれた作家や詩人たちがすでにさまざまな言語表現を試みて不朽《ふきゅう》の文学作品をたくさん書き残してくれたように、先輩料理人たちもさまざまな料理法を私たちに伝えてくれた。それを謙虚に学びながら、いつか後輩も自分なりの料理術を身につけて、伸び伸びと創意を発揮するようになりたいものだ。

♛ オードブルは「俳句」のようなもの

最も創意を発揮しやすいのは、オードブルとか酒の肴《さかな》とかいう分野だろう。これはいわば俳句のようなものだ。小説など書くのは思いもよらない普通の勤め人でも主婦でも横丁の隠居でも、俳句には気軽にとっつくことができる。言葉というものに対する美意識と愛情、そして自然のひだにふれる繊細な感受性さえあれば、文学者でなくてもよい俳句は作れるのであり、この言葉を食物に置きかえれば、「俳句」は「オードブル」になる。

四季おりおりのささやかな感動をさっととらえて十七文字にまとめるような呼吸で、始終軽やかに即席料理の包丁をふるえるようになれば楽しいし、その楽しみは際限もない。

ハムやチーズやサラミソーセージもいいけれど、それさえ出せばオードブルは及第といわんばかりのしたり顔は、感性や才気の貧しさを感じさせる。大島渚さんもそのあたりに憮然《ぶぜん》となさるのだろう。

ありふれたものでも、ピーナツとかポテトチップスぐらいありふれてしまうと、月並みな決まり文句というより、「お早う」や「今晩は」のようにとりあえず交す日常のあいさつみたいなものだから、気にはならない。その次の段階の、ハムだのきゅうりだのサラミだのというあたりで、人それぞれの感性や才気のほどがあらわれてくるのである。紋切り型もある程度利用する分にはかまわないのだが、どうもその乱用に対する羞恥心《しゅうちしん》に欠けた人が多すぎるように思われる。

文藝春秋社に勤めていた二十代のころ、私はよく俳句を作った。社内の有志が集まって催す句会があり、私はその熱心な常連だったのだ。重役もお茶くみも守衛もみんな一様に車座になって、はり出された季題で一定の時間内に句を作り、互選で点を競い合う。これはとても楽しいゲームで、私はいつもよい点をかせぎ、高位の賞品をせしめたものだが、社をやめて句会から遠ざかったら、もうパタリと俳句が出てこなくなってしまった。題があり時間の制限があるとせっぱつまったところでなにかしらひらめくのだが、全く自由な状態でさあ一句といわれても、キッカケのつかみようがなく、茫然《ぼうぜん》と手をつかねてしまう。

この点でもオードブルは俳句と同じで、材料や時間を制限されたほうがむしろインスピレーションがわきやすいのではないかと思う。だから急の来客は、とっさの表現力を発揮するための絶好のチャンスとして、大いに歓迎してしかるべきなのだ。

急場にはとにかく何かを刻もう

さて、もしも今わが家に友だちが突然現われたらどうしよう。週末に近く、食料品のストックはもうほとんど使いつくして冷蔵庫はガラガラだ。

それでもともかく冷蔵庫をあけると、まず納豆がある。納豆なんて客に出すのは失礼だと言う向きもあるかもしれないが、その製造過程を考えてみれば、ずいぶんこれは凝《こ》った食物ではないか。西洋のチーズに匹敵する日本の傑作を卑下することはない。ただ、薬味がしょうゆにからしに刻みねぎだけではあんまり日常的すぎるから、のり、炒《い》りごま、青じそ、みょうがなどを刻んでまぶしたり、わさび漬けを合わせたり、あるいはうずらの卵を割り落としたり、しょうゆのかわりにみそを使ったりしてそのつど目先を変え、また納豆自体に軽く包丁を入れて歯ざわりに変化をつけたりする。そして小鉢にほんのちょっぴり盛って供すれば、十分にしゃれたオードブルである。

それからうちには必ず大根もある。ただ大根おろしに削り節としょうゆだけだっておいしいし、大根を細く刻んでもみのりをまぶし、しょうゆをちょっとかけると、これもさわやかな一品になる。大根を出したついでに幾つかの太い輪切りを、鍋にだしこんぶを敷いた上に入れ、水をたっぷり注いで火にかけておこう。刻んだりまぜたりだけの即席オードブルがたね切れになるころに、ふろふき大根がやわらかく煮えてくれるだろう。みそとしょうゆと炒りごまとみりんと、それからあればゆずの皮をすり鉢で適宜まぜ合わせたものを添えて供する。

それから、ピーマンも一つ二つ残っているから、これも細く刻んで削り節としょうゆをかけて一鉢。オクラがあればこれも同じ。

ほかに、生のまま刻むだけでおいしく食べられる野菜として、断然便利なものに、山いもがある。

すりおろした山いもに、卵としょうゆを落としてのりをあしらえば月見だが、私はおろさずに、せん切りにする。そのほうが手がかゆくなる度合いが少ないし、せん切りのシャキシャキとした歯ざわりのよさは、おろしのやわらかく粘《ねば》っこい舌ざわりのよさに、まさるとも劣らない。

せん切り山いもは納豆より以上にさまざまなものとよく似合う。さっき納豆に使わなかったら、わさび漬けをこちらに合わせてもよいし、イクラやたらこやとろろこんぶやうにをまぶしたり、いかやかつおの塩辛とあえたりしてもよい。

庶民の知恵とセンスの結晶「豆腐」の生かし方

　わが家にはたいてい豆腐もある。夏は冷ややっこで冬は湯豆腐……とくれば最もありふれた酒の肴だが、これは前に言った陳腐な紋切り型とはちょっと格が違うのだ。豆腐は言葉の世界でいえばいろはがるたに相当する。庶民の暮らしの知恵とセンスの結晶がさらに洗練されつくしたこの決まり文句中の決まり文句は、いくら頻繁《ひんぱん》に登場しても気にさわらない。常套句《じょうとうく》の使用をかなり神経質に避ける私も、「論より証拠」とか「憎まれっ子世にはばかる」とか「鬼に金棒」とかいったいろはがるたの引用にはあまり抵抗を感じないし、豆腐も臆さず毎回食卓に登場させる。言うまでもないことだが、やっこの薬味には、削り節、しょうが、刻みねぎ、青じそなどが常連。その他、のり、みょうが、刻み納豆などもよく使う。

　それから、煮やっこもいかにも家庭的でうれしいものだ。私はすき焼きをしたとき、残りの煮汁をタッパーに入れて凍らせておき、こんなときすばやく豆腐を煮るのに利用する。たとえ肉などはいっていなくても、外で食べる肉豆腐よりコッテリ肉の味がよくしみたおいしい煮やっこができる。

冷蔵庫には油揚げもあるから酒でちょっと薄めたしょうゆと七味とうがらしをまぶして両面さっと焼き、大根おろしを添えて食べる。あるいはおいなりさんを作るときのように、中を開いて袋にし、刻んだねぎと削り節をまぜたものを詰めてから、以下同前にすればなおよろしい。

♛ 常備品の卵・チーズ・カンづめにちょっと心を添えて

それから、もちろん卵もある。ふろふき大根その他で湯を沸かしたついでに、用がすんで火からおろした煮え湯の中に卵をほうり込んでふたをしておこう。時間など気にしなくても湯が手を入れられるくらいにさめたころには、中の卵がポヨポヨの半熟になっている。酒の肴《さかな》の半熟卵というのも、朝食のときとはまた気分が変わってよいものだ。オムレツやスクランブルにしても同じことだ。玉ねぎ、にら、トマト、チーズ、マッシュルーム、ベーコン、ゆでたじゃがいもなどのうち1～2種を刻んでまぜることが多い。

チーズも私の常備品。カマンベールとかブリーとかいった、フランスの生チーズが特に好きで、そのカンづめをいつも幾つか冷蔵庫に入れてある。こういうチーズなら、小さな卓上まないたの上にそのままポンと置き、各自好きなだけ切りとって、パンかクラッカーを添えて食べるだけでも十分に優雅だが、日本でおもに出てくるのはプロセスチーズをスライスしたもので、あれはいささか寒々しい。

　プロセスチーズだったら、パンを3〜4センチ角に切ってカナッペにし、同じサイズのチーズをのせてオーブントースターに入れ、チーズがふくらんでちょっと焦げるくらいまで焼いて出すぐらい手間はかけたい。

　ほかによくカナッペにのってくるものとして、まぐろ、サーモン（さけ）、サーディン（いわし）、などの油漬けのカンづめがある。これも悪くないものだから常備しておくとよい。しかし、いかにもカンづめをあけました、のせましたという感じではお粗末だから、刻んだ玉ねぎをまぜたり、刻みパセリや砕いた粒こしょうを振りかけたり、オリーブの輪切りをのせたり、レモンの汁をたらしたりして、アクセントをつける。またカナッペにはガーリックバターをぬっておきたい。

♛ キャビアを買うならたらこを使おう

それから、キャビアもよくあらわれる。本物のキャビア、つまりちょうざめの卵ならまことに申し分ない大ごちそうでオードブルの王さまだが、だいたい日本でキャビアと称するものは靴墨みたいに黒い小粒のにせキャビアだから一向にありがたくない。あんなものよりかは、レッドキャビア、つまり、さけの卵であるイクラのほうがずっとおいしいが、これもずいぶん高いものだから無理には使わず、私はもっぱら、たらこを愛用している。バターをたっぷりぬったカナッペに、甘塩のたらこの身を生のままほぐしてのせ、レモン汁をたらす。ケッパーかオリーブをちょっぴりのせてもよい。

たらこで思い出したが、にんじんを極度に細く糸のように刻み、なるべく少ない油でサッと炒めながらたらこの身をほぐしたものを加えてまぶしつけると、たらこの塩けがちょうどいいくらいの味になるので味つけの心配もなく、これは何かとちょっと不思議がられるようなおもしろいオードブルになる。

ほかによくあるものは、いただき物のかまぼこだ。これをただスパスパ切ってわさびじょうゆで食べるのもまあ数のうちだが、いかにも芸がない。そぎ切りにして塩うにともみのりをまぶしたり、きゅうりとせん切りにして、からしじょうゆをからめるとちょっと気分が変わる。

また私は、かまぼこ利用に、かまぼこと干ししいたけと三つ葉だけの単純な茶わん蒸しをよく作る。オードブルなら小さな湯のみを使ってミニ茶わん蒸しにする。

同じ練りものでは、はんぺんもそのままわさびじょうゆで食べられて便利だが、私は酒としょうゆをからめたり、うにをぬって、ふくらむまで焼いて食べることが多い。

冷凍庫があればミックスフライも即座にできる

からっぽに近い冷蔵庫からでも、以上のようにさまざまなオードブルをひねり出せるわけだが、冷凍庫のほうまであければ、いよいよ可能性が広がる。

凍らしてある肉や魚をとかしたら、いくらでも本格的な料理ができるが、この際そこまでは手がまわらない。急場の戦力になるのは既製品または半製品の冷凍である。私はいつもフライを作るとき、パン粉をつけた時点で幾切れかとりのけてサランラップでピッチリ包んで凍らせておく。

だから冷凍庫をあければ、車えびでもかきでもきすでもあじでもコロッケでもあとは揚げさえすればよい状態で待機しているわけだ。量はそれぞれわずかなものだが、酒の肴《さかな》にはちょうどよい。

その他にもビーフシチューとか豚の角煮とかシューマイとかギョーザとか、いろんなおかずをたっぷり作っては残りを凍らせてあるので、次々に鍋やオーブンで暖めては食卓に運ぶ。お客は、なんでこんなに手のこんだ料理が簡単に現われるのかと驚き、感心してくれる。

うれしい〝ギリシアの大混乱〟と〝アメリカのディッピング〟

私自身は酒飲みではないけれど、酒飲みのように、種類はいっぱい、量はちょっぴりの肴をあれこれつまむのが大好きで、全食これオードブルという食べ方がいちばん理想的だと思っている。

スペインの旅が楽しくてたまらないのは、どこの街にもある日本のすし屋や縄のれんそっくりの居酒屋で、あふれ返る肉や魚貝や野菜の前で「あの生ハムを切ってよ」とか「いわし一匹焼いて」とか「マッシュルームのマリネーをちょっぴり」とか「そのはまぐりを一つかみ」とか好きかってに指さしながら、気楽に立ち食いができるからなのだ。ギリシアも似たようなもので、直径10チ《セン》ぐらいの小皿が十数枚も次々と現われ、一枚一枚に違うものがのっている。いかのから揚げ、たこのマリネー、オリーブや羊の乳の強烈なチーズ、揚げなす、ぶどうの葉でくるんだひき肉……とても覚えきれないその多彩なオードブルの大群をメゼスという。英語で混乱のことをメスというのだが、メゼスとメスの語感が似ているところから、私はメゼスを〝ギリシアの大混乱〟と呼んでいる。

アメリカの食卓にこういう混乱は期待できない。もっと機能的にドスンと一皿というオードブルしかサーヴされないことが多いが、その典型はディッピングというしろものだ。大きなボールにサワークリームがはいっていて、クラッカーとかポテトチップスをそれに突っ込み、つまり、ディップしてはどっぷりクリームをつけてかじるのだ。このサワークリームはただのサワークリームではなくいろいろなフレーバーがついている。これがいかにもアメリカ的なのだが、ガーリックフレーバーとかオイスターフレーバーとかベーコンフレーバーとかいったインスタントフレーバーパウダーが各種あり、それをサワークリームに振り込んでかきまわせば、でき上がり。それをそのままテーブルに出し、脇にクラッカーなど盛ったかごを置いておけばよいのだから、こんな簡単なことはない。アメリカにいたころは飽き飽きしていたが、日本に帰って思い出すと、ちょっと恋しくなる。魔法の粉《フレーバーパウダー》は手にはいらないので、さけカンをすりつぶしてサワークリームにまぜてみたら悪くないディッピングになった。サワークリームに限らず、生クリームやコテージチーズをベースにして、好みの味と香りをつければいろんなディッピングができる。ディッピングは大勢のお客を迎えてまずしばらく間をもたすには便利なものである。

かえって喜ばれるおそうざい風オードブル

これまでは急場においてとっさに作るオードブルのことばかり書いてきたが、来客が予定されているときには、その場でバタバタしないですむように、なるべく前もってしたくをすませておこう。そのためには、冷菜が便利で、私は特に中華冷菜をよく作る。

一番のおすすめは涼拌茄子《リャンバンチエーチ》。これはなす8個ほどのヘタを落とし、水につけてアクを抜き、蒸し器で10分から15分、箸が楽に通るようになるまで蒸し、手で細く裂き、大皿に菊の花のように盛りつけて冷蔵庫に冷やしておく。一方、しょうゆ、酢各大さじ2杯、ごま油大さじ

1杯、おろししょうが大さじ1杯を合わせて、これも冷蔵庫でよく冷やしておく。また干しえびを中温の油で弱火できつね色にカラッと香ばしく揚げて紙の上で油をきり、すり鉢でつぶしてでんぶにしておく。食べる直前に、なすの上に榨菜《ザーツァイ》とねぎのみじん切り、干しえびのでんぶを散らし、冷やした合わせ酢をまんべんなくかける。と読んだだけではあまり魅力的ではないかもしれないが、作ってみればまずまちがいなく評判のよい一皿である。

あるいは涼拌《リャンバン》豆腐、つまり中国式冷ややっこも人気がある。豆腐は斜めにしたまないたにのせて軽く水けをきってから1丁を六つか八つのやっこに切り、深めの皿に盛って冷蔵庫で冷やしておく。しょうゆ大さじ2杯、ごま油大さじ1杯、ラー油小さじ1杯を合わせてこれも冷やしておく。食べる直前に豆腐の水けをもういちど切り、その上に涼拌茄子と同様に榨菜《ザーツァイ》とねぎのみじん切りに干しえびのでんぶをのせ、冷やしてあったソースをかける。

こういう冷たいものをサッと冷蔵庫から出してひとしきりつまんだところで、次は下ごしらえさえしておけばすぐ仕上がる揚げものや炒めものを出す。

わが家では上海風たたきをよく作る。これは、本来うずらを骨ごとたたき砕いたミンチを使うからたたきと呼ぶらしいが、私は鳥か豚のひき肉を使う。ひき肉200〜300㌘に対してもどした干ししいたけ2〜3枚、セロリ1本、たけのこの水煮1個、玉ねぎ半個ぐらいをそれぞれみじん切りにする。中華鍋ににんにくとしょうがを刻んで香ばしく炒めて玉ねぎとひき肉を加え、つづいて他の野菜のみじん切りも加えて、よくまぜながら炒め、しょうゆ、酒、塩、こしょう、またはとうがらし粉で味をととのえ、干ししいたけをもどした水に片栗粉を溶いたのを注いでとろみをつけ、最後にふりかけごま油で香りをつけて火を止める。これを鉢に盛って大皿のまん中に置き、鉢のまわりに花びらのようにサラダ菜をグルリと重ね合わせる。

そのサラダ菜を手にとった上に、鉢の中のたたきをさじですくい入れ、クルッとくるんで口に運ぶのだ。

手づかみでワイワイというところが、いかにも家庭的で楽しい。中華料理屋の前菜というと、白い蒸し鶏、焼き豚、くらげ、ピータン……というところが典型的だから、家で作るときはこんなおそうざい風のものにしたほうが新鮮でイイ感じだと思う。

かきとはまぐりはオードブルの万能選手

少し大きめのあさりがあったらよく塩を吐かせておき、中華鍋ににんにくとしょうがを炒めた上にあさりを入れ、塩味の鶏のスープをカップ2杯ぐらいと紹興酒少々を振りかけて煮立て、あさりが口をあけたら深めの皿にスープごとよそって供する。これも最も庶民的な中国式酒の肴《さかな》の一つ。

貝というのはオードブル用にたいへん便利なものだ。とりわけ、かきとはまぐりは万能選手。生ものぎらいのアメリカで、はまぐりとかきだけは生でも食べる。レモンやカクテルソースで食べるこの生はまぐりがすこぶるおいしくて、私はすっかり病みつきになってしまったが、他の魚や貝はたいてい生で食べる日本人が、なぜかはまぐりの生だけは食べない。残念なことだが、たぶん、しかるべき理由があるのだと思って、私も日本でははまぐりに熱を加えることにしている。塩焼き、酒蒸しもこたえられないが、あちら風ではクラムカジノというのがある。殻半分つけるかあるいはアルミフォイルやグラタン皿に入れるかしたはまぐりに、にんにくとベーコンとパセリを刻んでのせ、粉チーズとこしょうと、できれば白ぶどう酒かドライシェリーも少々振りかけてオーブンで焼く。かきを同様に焼けばオイスターカジノだし、平貝やほたて貝を使っても同じこと。

以上の貝は必ずしもオーブンで焼かなくても、塩、こしょうし、たっぷりのバターで炒めてパセリをまぶすのも、しょうがじょうゆをからめて網で焼くのも、それぞれにけっこうだ。

ゆでたほうれんそうを下敷きにしたかきに白ソースをかけてオーブンで焼くグラタンは、オイスターロックフェラーと呼ばれるから、あまり古からぬアメリカ料理なのだろう。かきの本場フランスでは、かきは生で食べるのが原則らしく、火を加えるのはアメリカ式だと言ってバカにする人が多い。

しかし、パリのレストランで出会ってたいへん気に入ったかきのマリネーは、一応サッと熱を通してあるようだった。食べながらひとりで一生懸命推理した作り方を帰国後実験して、どうやら同じような味を再現したが、その怪しげな処方は次のとおりである。生がきの身を白ワインにつけてスイート・バジルの葉をふりかけておき、にんじんの糸きりを湯がく。フライパンにバターを熱し、にんにくと玉ねぎのみじん切りを入れ、焦がさないように炒めてから、かきのつけ汁を入れてよくかきまぜ、ワイン・ビネガーを加えて味をととのえ、ターメリックを少々加え、かきとにんじんを加えてあえ、よく冷やす。

海のサラダと称するものもよく作る。これはいかとか、たことか、さまざまな貝、それから白身の魚など、海の幸ならなんでもいい。生で食べられるものは生のまま、加熱を要するものはサッとゆでる。それから必ずほしいのはわかめで、干しわかめをもどしておくか生わかめを軽く湯がいておく。以上の海の幸を全部ザクザク小口に切っていっしょにまぜ、サラダ菜かレタスを敷いた上に盛り、サラダと同じようにドレッシングをかけて食べる。

このドレッシングは、ただのさっぱりしたオイル・アンド・ビネガーではなく、にんにくをすりおろして入れたりして、かなり中身の濃いスパイシーなものにしたほうがよい。私はにんにくのほかにオリーブの実とケッパーとパセリーと粒こしょうをこまかく刻んで入れている。

白魚もオードブル向きの材料の一つ。かぼそく扱いにくいが、4〜5匹ずつつまようじで目刺しにすればうまくまとまる。それにしょうゆと酒をまぶして焼くか、溶き卵でゆるめた塩うにをぬって焼くかして、そのままでもいいが焼きのりで巻いたり、炒りごまを振ったりして、焼きたてを食べる。いかにも繊細な味わいの一品である。

♛ おいしい肉をミニミニステーキで

肉のほうで繊細なものといったら、やはり牛肉のフィレ。しかし、大勢のお客にステーキなど出したら破産してしまうから、メーンディッシュからはステーキをはずし、かわりにオードブルとしてミニミニステーキを出してみたらどうだろう。これは私が初めてイタリアへ行ったとき、ローマのレストランで気に入った食べ方だが、最近ソフィア・ローレンが自己流にアレンジしたレシピを見つけたのでまねをしてみた。

普通、ステーキだったら一人前少なくとも150グラム以上はないと格好がつかないが、この場合は30グラムぐらいの薄切りを一人1枚ずつでよい。グラタン皿を火にかけた上に塩・こしょうした肉を置き、おろしたパルメザンチーズを振りかける。肉の色が変わりかけ、チーズがとけ始めたところで裏返してすぐ皿を火からおろし、肉にオリーブ油をちょっぴりたらして、ただちに食べる。

……とオードブルの例をあげ始めるとキリがない。要するに、すべての料理はオードブルにもなりうるのである。ことさらにワクを設けて考える必要は全くない。

オードブルの参考書を見ると、やたらと華やかに装飾的なものが多く、料理というよりも手芸の発表会のように見える。まあなんでもキレイであるに越したことはないが、どうもよけいな飾りつけに気をとられすぎているようだ。偏食の子供にダマシダマシ食べさせるときはいろいろと変装してみせるのも必要だが、心あるオトナはきらびやかな仮装パーティより、親しく話し合い理解し合えるような集《つど》いを好む。だから私は、料理の容姿は自然をムネとし、必然性のない厚化粧は避けることにしている。

♛ 食卓にもおしゃれと身だしなみを

しかし、身だしなみということはたいせつだ。いくら人柄がよくても、あんまりなりふりかまわず髪振り乱しめちゃくちゃな服装をしている人とは、つきあいごこちがよろしくないものだ。私はおしゃれな人が好きである。衣装の趣味のよしあしは、たいへん気にかかる。料理の衣装にあたるのは食器だが、これはずいぶんおろそかにされている。せっかくの料理の美貌も台なしになるほど悪趣味な食器がのさばって、目ざわりでしかたがない。もう少し食器に神経をつかって、食卓のおしゃれを心がけたいものだ。

私はもしお金がいっぱい儲《もう》かったら、思いっきり食器に凝《こ》るのが夢だが、今のところはとても上等なものには手が出ない。せめて外国など旅行したとき、方々で目にとまったおもしろいお皿とかとぼけたどんぶりとかを、一つ二つと買って帰るのを楽しみにしている。そんなテンデンバラバラのガラクタ食器を集めておいてもどうしようもないようだが、お客にちまちまといろんなオードブルを出すときなどは、ガラクタたちの絶好の出番となる。いろんな種類のものを一堂に会させては、不調和を生じることもあるだろうが、次から次へと順ぐりに出てくる分には、テンデンバラバラでもおかしくないし、むしろそのたびに雰囲気が変わって気分をフレッシュにする。

メキシコの土鍋にはチリコンカン、中国の古い小鉢には皮蛋《ピータン》、ロシアの七宝の小皿にはスモークサーモン、スウェーデンのモダンなガラス皿にはスカンジナビア風にしんの酢漬け、スペインの絵皿にはスパニッシュ・オムレツ……というように、各国の食器にそれぞれの郷土料理をのせて供することもある。新しい皿や鉢が出てくるたびに、これはどこへ行って何をしたときに買ったのよ、あそこでは何がおいしかったわ……というように話題が広がり、旅行のアルバムなど見せられるより、ずっと実感的、実質的でおもしろいのではないかと思う。ある食器を使いたいと思うことによってそれにふさわしい料理を思いついたりすることもあるし、食器というのはただの入れ物にはとどまらないさまざまな意味を持つものなのだ。

この本の担当だった編集者のFさんは、ご主人とふたりでぐいのみの収集に熱中している。セットで買ったりしたらたいへんだから、一種類一個ずつしか買わない。だからすでに何十個も集まったF家のぐいのみは、一つ一つが違うわけである。いつかこのぐいのみにそれぞれ全部違う肴《さかな》を入れたパーティを開く計画があるそうだ。とてもしゃれたアイディアだと思う。

杯には酒、湯飲みにはお茶という固定観念にとらわれないしなやかな発想がうれしいし、数十種類のオードブルを並べてみせようという創意も頼もしい。

これこそまさにオードブル作りに望ましい精神のあり方なのだ。

ぐいのみにはいる程度の、つまり、ほんの一箸か二箸でおしまいというわずかな前菜は、余韻嫋々《じょうじょう》で風情もひとしおだ。そんなにチョビチョビ数十種類も作るなんて、途方もなくめんどくさいことだと初めからおじけついてしまう人が多いだろうが、ちょっとした気合いさえ心得てしまえば、ぬれ手に粟《あわ》で幾らでもゾロゾロ切れ目なくできてくるのがオードブルというものなのだ。

初めにオードブルは俳句だと書いたが、俳句とまでもいかない、ただのおしゃべりのセンスだといってもよい。次から次へと、ああああんなことがあった、こんなこともあった、そういえばあれもこうだし、これもああだし、それからあれは……と、ちょっとしたきっかけがきっかけを呼び、際限もなく話がはずみつづけるあのおしゃべりの呼吸が、包丁に乗り移ればいいのである。おしゃべりに興が乗るといつまでたっても別れがたくなるように、もてなしの思いつきも、連鎖的にわき出してどうにも止まらなくなるものだ。

八章

おしゃれの心意気でスナックを

――スナック――

♛ 軽食は心意気で作ろう

放送や講演の仕事に行った先で食事どきにかかることがしばしばあるのだが、そんなとき、「軽い食事でも……」と言われると、私はワルーイ予感にうなだれる。別に「重いお食事」をしたいわけではないのだが、こんな場面に現われる軽いお食事なるものは、なぜかたいてい生っ白いサンドイッチに決まっていて、ヘナヘナと水っぽいくせにへりのほうは乾いてこわばったパンの薄切りに、紙のようなハムやきゅうりがマヨネーズにまみれてはりついているだけのしろもので、ひとかけらの魅力も感じられない。なんでこんな、うさぎか小鳥の餌みたいなもので、私の人生にあと何万回かしか残っていない貴重な空腹のチャンスを埋めなければならないのかとそぞろわびしくて、いくら胃袋がうめこうと、手をつける気にはならないのである。

といって、いくぶん気前よくすしなど出してくださっても、これまたあまりありがたくない。私は本来すしが大好物なのだが、それだけにすしの美学をたいせつにしたい。こういうところで事務的にとり寄せるようなすしには、生ものを快く楽しむための重要条件である作り手と食べてのコミュニケーションが、完全に欠落している。そのなにやら素性の知れない感じが、すしを生ぐさくし、私の食欲を沮喪《そそう》させるのだ。

そんなすしやサンドイッチよりかは、屋台のラーメンや駅前のかけそばや残飯整理の焼きむすびのほうがよっぽどおいしいのだから、別に私がぜいたくを言っているわけではない。ただ、軽食の軽が軽侮《けいぶ》の軽であっては困るのだ。簡単なものであればあるほど、そこに圧縮された心意気が感じられなければならない。熱いものは熱く、冷たいものは冷たく、急ぐものは早く……という手ぎわのよさが軽食の身上だ。つまり、軽食の軽は軽快の軽でなければならないのである。

食欲は恋人と求め合う気持ちに通ずるもの

軽食あるいはスナックと呼ばれるものは、軽快に作られ味わわれるものであっても、その意味はしばしば本格的な食事よりも重い。ときならぬ空腹こそ、むしろ心に残る味の出番なのである。ただとりあえずおなかにモノを入れさえすればよいという粗雑な対応で、せっかくの食欲を浪費してしまうのはつまらないことだと思う。

よく食欲と性欲は引き合いに出されるが、空腹は時を選ばずということにおいても、食欲と性欲は相通じている。

恋人と求め合いたいモワモワした気分になった状態を、私はhorny《ホーニー》という。これはアメリカの俗語らしい。イギリスではrandy《ランディ》というようだが、私にはアメリカ語の露骨な感じのほうがピッタリくる。ホーニーのホーンというのは角《つの》のことだから、男の人の体の状況を想像すれば、ホーニーという言葉の意味もおわかりだろう。私はこれを日本語に直訳し、「私、いま、なにやらツノっぽいの」とか「ボク、こないだ、ひとりでにわかにツノっぽくなっちゃってピンチだったよ」というぐあいに、ボーイフレンドとの内輪のお話に愛用している。

だいたい、人間いつどこでツノっぽくなるかわからない。土曜日の夜に夫婦が寝室でツノっぽくなるのはあたりまえで、これは夕餉《ゆうげ》どきにおなかがすくのと同じこと。しかし、それ以外に、思いがけないときに思いがけないところでツノっぽくなるという事態も、また自然なものである。

たとえば、私が昔ある人といっしょに暮らしていたころ、パーティに連れ立って出席するべくふたりとも最高にフォーマルにドレスアップして、さあ出かけましょうと顔を見合わせたとたん、お互いメラメラッとホーニーになって……それで何が起こったかは省略するけれど、ようするにそのためにパーティに30分ぐらい遅刻してしまったことがある。そのパーティで会った人たちから「あなた、きょうはなんだかすごくきれいね」「ヤケにツヤっぽいじゃない」と口口にホメられて、ひどくてれくさく、そしてうれしかったことを覚えている。

また、山歩きをして、わき立つような若葉の緑にまみれているうちに、突如みずみずしくツノっぽくなったり、ヨットの上でジリジリ太陽にやかれた体が、奥のほうからも燃えてきてキンキンとホーニーになったり……といった思い出も限りがない。

普通に結婚している主婦の友だちに聞いてみても、台所で食事のしたくをしているところへ帰ってきた夫に突然うしろから抱擁されて……というような状況でのメークラブのほうが思い出すたびにキュンときて、土曜日の夜の月並みな行事よりも印象深いと言う人が多い。

私は、そういう突発的な欲望に、なるべくすなおに従う主義である。もちろん、こちらが一方的に、あるいは相手が一方的にというのではあまりよくないが、もしもお互い好き合ったふたりが、たまたま両方ともツノっぽくなるようなことがあったならば、どのような状況であれ、なんとかその思いを満たしたいものだと思う。こういう、ときならぬ欲望をうまくキャッチアップできたときのさわやかさ、うれしさというのは、ほんとうに格別なのだ。だから、そんな事態にも臨機応変に対処できるような知恵が、性生活の上にも、また食生活の上にもたいせつなのである。

♛ 熱い熱い思い出のオニオングラタンスープ

セックスにおいてそうであるように、食べ物においても、ひときわあざやかに心に残る味というのは、正式なディナーもさることながら、思いがけないところで食べたスナックなどにむしろ多いように思う。

ボーイフレンドのアパートを訪ねた夜おそく、ふたりとも急激におなかがすいてきたけれど、なにしろほとんど外食の男所帯だから冷蔵庫はからっぽ。それでもあきらめず台所じゅうひっくり返してさがしたら、ともかくバターがあって、ゴチンゴチンにひからびたフランスパンのかけらがあって、玉ねぎが2個腐りかけている。それからマギーの固形スープとパルメザンチーズのカンも見つかった。このすべてを動員してこしらえたオニオングラタンをフウフウむさぼりながら「おいしいなあ、すごいなあ、きみは魔法使いみたいだ」と彼に感嘆されたあの気分のよさは忘れられない。こういう味は熱い熱い思い出としていつまでも残る。

もう一つは、私のほうが彼を見直した例。山男であるその人に引きずられるようにして谷川岳に登ったとき、「さあ、もうすぐ沢に着くぞ。腹すいただろ。ぼくは一足先に行って飯のしたく始めてるから、きみはゆっくり気をつけておりてこいよ」と言うなり彼は猿《マシラ》のように駆けおりてゆき、私が沢にたどりついたときはもう河原で飯ごうがグツグツと湯げをふいていた。山慣れない私は疲労コンパイのあまりツンケンと仏頂面だったが、この飯ごう炊さんのごはんのおいしさにはたちまち降伏し、この人は世界一の料理人ではあるまいかなどと、彼にほれ直したものである。

「ごはんって、こんなにおいしいものだとは知らなかったわ。それから、男の人がこんな頼もしいものだとこもね。いつもこれくらいマメマメしくやってくれたら、もう少しガッポリほれるんだけど」

「ああ、いつだってまかせときな。パリに行こうがローマに行こうが、飯だけはうまいのを食わせてやるよ」

「そうね。ほんと、私たち、もし外国旅行するんだったら、スーツケースに飯ごうとお米と固形燃料入れときゃいいのよね。ホテルでも公園でもホッカホカのごはんが食べられるじゃない。このごろよくカップヌードルとかカップライスとかゴマンとかかえてゆく人があるけど、なにもあんなかさばるもの持ち歩くことはないんだわ」

♛ おいしいごはんは最高のスナック

スナックというと、とかくサンドイッチがしゃしゃり出ることは前に書いたが、近ごろはアメリカ渡来のハンバーガーも街角のスタンドでさかんな売れ行きを見せている。給食世代の若者を中心に、いまやすっかりパン食が定着してしまったようだ。しかし私は、やはり瑞《みず》穂《ほ》の国の民として、いつまでも米食に執着したい。自分の国でせっかく作った米を余してまで、よその国の小麦のパンを食べることはないではないか。

私はごはんが大好きだ。ハンバーガーをかじるくらいなら、おむすびをほおばりたい。熱いごはんなら、なおさらよろしい。

夜中におなかがすいたとき、なにもあり合わせのものだけにたよることはない。やおらごはんを炊いたってよいではないか。家の中なら飯ごうならぬ電気釜があり、ごはん炊きなどいよいよ気楽なことだ。深夜ホカホカの炊きたてごはんと相まみえるのも、よい気分のものである。

私はいつもの食事どきには、いっぱいおかずを作って並べなければ気がすまないたちだから、のりとか佃煮とか梅干しとかいった補助おかずまではなかなか箸がまわらないが、そういうたぐいを、臨時のごはんには、このときとばかりにアレコレと並べ立てる。そういう簡素なおかずが最もよくごはんの味を引き立てるのだ。

近ごろすっかり脇役になってしまったごはんを、主役としてたっぷりじっくり心ゆくまで味わうのがこのスナックの楽しみである。だから私は、スナック用には〝ささにしき〟とか〝こしひかり〟とかいういちばん上等のお米をいつも用意しておく。ふっくり炊き上げた銀シャリの一粒一粒がつややかに光って見えるあの美しさにうっとりと目を細め、その暖かい湯げを呼吸するたびに「よくぞ日本に生まれける」と思うのだ。

♛ 残りごはんはどんどん凍らそう

毎日炊くごはんの残りを、私はサランラップに包み、冷凍庫でどんどん凍らせてしまう。昔は残りごはん処理というのはかなり憂うつなもので、翌日炊いたごはんにのせていっしょに蒸らして食べたり、あるいは冷や飯を主婦が昼にボソボソと片づけたりしなければならなかった。

しかし、そんな食べ方はせっかくのごはんの味をおとしめるものだから、私は好まない。冷えたものならいっそ凍らせてしまい、いずれしかるべきおりに利用する。チャーハン、ピラフ、雑炊《ぞうすい》、ライスグラタン、リゾット、蒸しずしなど用途はいくらでもある。

チャーハンやピラフ、つまり炒めごはんには、サラサラしてベトつかない冷凍ライスのほうが、炊きたてのものよりむしろぐあいがよい。解凍を待つこともなく、そのまま高温に熱した油にぶち込んで炒める。

ねぎ、にんにく、卵、いろんな野菜くず、肉の切れ端……要するに何を入れたってチャーハンになる。中国風なら、ラードか植物油で炒めて最後にふりかけごま油で香りをつけ、味つけには塩のほかにしょうゆも少し加える。

洋風ならたっぷりのバターで炒め、塩、こしょうしただけのシンプルなバターライスも悪くないが、私はたいていにんにくと玉ねぎとベーコンとパセリと、あり合わせのきのこ類も刻んで入れ、チーズを振りかける。その他、冷凍のあさりやかにも常備してあるから、それを加えればあさりやかにのピラフもすぐできる。

雑炊は、こんぶとかつお節でだしをとって煮立てた中に、凍ったままのごはんを入れ、塩としょうゆ少々で味をととのえる。卵、かき、しらす、なめこ、かに……などのうち、なにかしらは必ずあるから、雑炊の具には事欠かない。青みもほしいので、三つ葉、せり、春菊、などのうちどれかをなるべくいつも置いておく。だしのかわりに鶏や牛のスープとか牛乳を使ってトマトやニンニク、マッシュルームなどをあしらったリゾットにしてもよい。

私は五目ずしを作るとき、しいたけ、にんじん、はす、高野豆腐、かんぴょうなどを煮て作ったすしだねを、少し残して凍らせておき、スナックの蒸しずしに利用する。冷凍ごはんをほぐれるまで蒸してから、すし酢をまぜ、とかしたすしだねをまぜ、小さなせいろで6〜7分蒸す。そのままでもいいが、なるべくなら薄焼き卵と紅しょうがと、それから青みにさやえんどうでもさっとゆでたものとを、それぞれせん切りにして色どりよく散らすと、おひなさまのごちそうかと見まがう優雅な夜食ができ上がる。

♛ インスタントラーメン作るもスパゲティゆでるも手間は変わらない

めん類ではインスタントラーメンがスナックの代表になって久しいが、確かにこれはそうバカにしたものではない。ねぎとかもやしとか焼き豚とかあり合わせの具を加えれば、変な店のラーメンよりずっと上等だ。しかし、インスタントとはいっても、台所に立って火を使い、湯を沸かし……という手間を省けるわけではないのだから、どうせのことならあと数分加えて何かほかのものを作ろうという気持ちになることが多い。

私はビーフンをよく作る。これならインスタントラーメンに毛がはえたくらいの時間と手間しかかからない。湯を煮立てた中に数分間入れてシンナリしたビーフンをざるに上げる。中華鍋に油を熱し、にんにく、ねぎなどをはじめ、豚、鶏、えび、いか、貝のむき身、にんじん、しいたけ、キャベツ、たけのこ、にら、ピーマン、その他合いそうな感じのものならなんでもいいから何種類かこまかく刻んでビーフンといっしょに炒め、キューブでも溶かしたスープに塩としょうゆとこしょうで味をつけたものを振り込み、その汁けがなくなるまで炒り、仕上げにふりかけごま油で香りをつける。

スパゲティではバミセリーという種類を買っておくと便利。普通のスパゲティはゆでるのに10分以上かかるからちょっとじれったいが、バミセリーは糸のように細いから、3分でゆだる。

煮立った湯に塩を1つまみ入れ、バミセリーをかきまわしながら3分ゆでてざるに上げ、フライパンにたっぷりのバターを熱し、刻んだにんにくを炒めた上にバミセリーを加え、塩、こしょう、しその葉とパセリをこまかく刻んだものをまぶしつけ、皿にとって粉チーズをたっぷりかけて食べる。ほんとうはバジリコというハーブを刻んでまぶすバミセリーバジリコがいちばんおいしいのだが、生のバジリコが手許にないときは、とてもよく似たしその葉に代理をつとめさせている。しかし数枚いくらのお上品なしその葉だけでは足りないので、パセリでグリーンを水増しするわけだ。

そうめんもバミセリー同様たちまちゆで上がるところが重宝だ。そうめんというのは冷たいつゆをつけてすするのが主流になっているようだが、私はこんぶとかつお節の薄味のだしで、鶏肉やなすやしいたけやみょうがなどの具を煮たすまし汁で食べる熱い**にゅうめん**を好む。

純国産スナックお餅に納豆をどっぷりつけて

私は、そばはそば屋でという主義で、家ではそばを作らない。しかし、そば粉を買っておいて、ときおりそばがきを食べる。そば粉に熱湯を注ぎながらかきまわしてこね、もみのりとしょうゆをかけるだけだから、これこそまさにインスタントで、古い日本の知恵ともいうべきスマートな純国産スナックである。

古来のスナックといえばお餅《もち》もある。近ごろはお正月に限らず一年じゅう店にあるから、始終気軽に利用している。しょうゆとのりに加えて、納豆をどっぷりつけて食べるのが私は好きだ。大根おろし、うに、とろろこんぶ、野沢菜や広島菜などとの組み合わせも悪くない。雑煮《ぞうに》も雑炊ぐらいよく作る。

独立させたスープのおいしさ

餅やごはんを入れないただのスープも、暖かくてうれしいスナックだ。近ごろはフルコースでまずスープからというのはあまり流行《はや》らない。食事の一部としてより、スナックとして独立させたスープのほうがおいしいように思われる。

かきのある季節なら、鍋に玉ねぎをバターで炒《いた》め、塩水で洗ったかきと牛乳を加えて煮立て、塩とこしょうで味をととのえれば、オイスターシチューができ上がり。

中国式かきのスープ、蠔清湯《ハオチンタン》も簡単だ。鍋に4カップほどの湯を沸かし、塩小さじ1杯余りとしょうが1かけらのせん切りとかきを入れ、再び煮立ったらねぎ1本分の薄切りを入れて火を止め、こしょう少々、酒大さじ一杯、ごま油小さじ一杯を加えて器に注ぎ、細切りにしたのりを散らす。スープが残ったらおじやにすると、これも絶妙。

いささか手間はかかるけれど、疲れた脳みそが生き返るような気がするのは、ミオイククという朝鮮式わかめのスープ。

わかめを1束、水でもどしてから5㌢《チセン》の長さに切る。牛肉100㌘《グラム》ほどを細く刻み、みじん切りのにんにくとすりごまをそれぞれ小さじ1杯、こしょう少々をまぶして大さじ1杯のごま油で炒めたところへ、カップ4〜5杯の水を注ぎ、わかめを入れ、煮立ったら中火にしてわかめが十分やわらかくなるまで煮、せん切りのねぎを入れ、しょうゆで味をととのえる。牛肉のかわりに貝のむき身を使うのもよい。

最も簡単なのはカンづめのトマトスープを1人用のキャセロールに入れて煮立て、卵を一つ割り入れてすぐ火を止め、ふたをしたまましばらく蒸らすだけのブラディムーンスープ。血のように赤いスープの中に卵の白身が雲のようにモンワリ固まりかけていて、その下にまんまるい月のような黄身が浮いている。しかし、スプーンが月面にふれるやいなや月はトローンと流れ出して血にとけていく。トマトの酸味を卵がまろやかに中和してくれる。

♛ 彼との仲をとり持った鍋料理

鍋ものならいよいよ立派なスナックになる。鍋というのはもちろんちゃんとした食事のメーンディッシュたりうるものだが、もっと気軽に夜中でも昼間でも即席の鍋を楽しんだらよいと思う。特にこれは好きな人とさし向かいという場面には絶好のものである。

私がいつかあるボーイフレンドと急に仲よくなったきっかけは鍋だった。昔いっしょに学生運動などやっていた彼と久方ぶりに出会ったら、彼も私もまだ独身。「ふたりとも賢明であるな」「ほんと、ひとり暮らしって気ままでこたえられないわ」と自由をたたえ合って意気投合し、互いの料理自慢でも話がはずんだが、「でも、一つだけぐあいが悪いのは、鍋ものを食べたいときだ」「そうなのよね、しゃぶしゃぶとかすき焼きとかってことになると、どうもこれはひとりじゃ格好がつかないわ」ということでも意見が一致した。「じゃあ、こんどお互い相補っていっしょにしゃぶしゃぶでもやろうじゃないか。そのうちきみの家に遊びに行くよ」「ぜひ、いらしてよ。あなたが肉買ってきてくださる？　そしたら私は野菜を用意しておくわ」と話が進み、まもなくほんとうに彼が霜降り肉をどっさりさげてわが家に現われた。以来とんとん拍子に仲よくなり、晩の鍋の残りの汁で翌朝の雑炊もいっしょにするようになるまで、あまり時間はかからなかった。

この彼との場合に限らず、およそ親しい友だちとのつきあいに鍋料理の思い出を欠くことはない。それだけに鍋もののレパートリーは多いが、とりわけよく登場するのは、豚や鶏の水たき、あんこう鍋、たらちり、かきの土手鍋、ねぎま、しょっつる鍋……といったところだろうか。ちょっと変わっていてお客に喜ばれる鍋ものに中国風の卵ギョーザがある。

豚ひき肉に、ねぎやしいたけをこまかく刻んでまぜ、しょうがの絞り汁、塩、しょうゆ、酒少々を加えてよく練っておく。卵をいくつかほぐし、おたまじゃくしを火にかざして熱して、内側によく油をなじませたところへ、溶き卵を大さじ1杯ぐらいずつまんべんなく注ぐ。つまり、おたまじゃくし型の薄焼き卵ができるわけである。そこへひき肉を親指の先ほどずつ入れ、おかしわにたたんでとり出す。ひき肉は中まで焼けなくても包みさえすればよい。この卵ギョーザ作りはいささか技術を要し、初めはたいてい幾つか失敗するが、手慣れるとスイスイ軽やかに焼けて楽しい。さて、次に土鍋に鶏のスープ（キューブでよい）を作り、酒、塩、しょうゆでお吸いものぐらいの味をつけ、白菜を底に敷いて、卵ギョーザと生しいたけとねぎを入れて煮る。ギョーザが煮えたころ、水にもどした春雨《はるさめ》も入れる。他に芝えび、ギンナン、春菊なども加えればいよいよ華やかになる。

新巻きざけをドスンともらったときなどは、切り身として格好のよくない部分を利用して石狩鍋にする。鍋にたっぷりの水で、一口ぐらいの大きさに切った塩ざけを、あくをすくいながら煮る。汁が澄んだころ酒とみりんを各大さじ2~3杯加えて20~30分煮込んでから、大根、にんじん、里いも、あく抜きをしたごぼう、こんにゃくなどを、ザクザク適当な大きさに切って加える。それらがやわらかくなったら、煮汁でゆるめた酒かすを２００《グラム》ほど入れ、生しいたけか、えのきだけとねぎを加え、塩で味をととのえる。体の芯までポカポカと熱くしてくれるかす鍋は、冬の夜長の心強い相棒だ。

深夜ひとりで味わうチーズフォンデューの味

鍋ものというのは、だいたいに日本か中国か朝鮮のものである。西洋にもキャセロール入りの料理はよくあるが、これはすでにできたものをさめないように卓上で火にかけたままぐつぐついわせておくだけで、材料をその場で加えながら煮えたはしから箸でついて食べる東洋式とはだいぶ様子が違う。

例外としてスイスのフォンデューは、私たちの鍋ものの感覚に近いものである。フォンデューにはミートフォンデューと、チーズフォンデューがある。

ミートフォンデューは卓上で、なるべく口すぼまりぎみの深い鍋に植物油を煮立てた中に、2センチ角ぐらいのダイスに切った牛肉を金串に刺して突っ込み、色が変わったら引き上げ、ソースをまぶして食べる。お座敷てんぷらとしゃぶしゃぶの合いの子のようなものだ。本場のスイスで食べたミートフォンデューは、ソースがケチャップやマヨネーズみたいな味のものばかりであまり感心しなかったが、私は家では日本式にしょうゆと大根おろし、ぽん酢、七味、あさつきなどをあしらって食べる。ときには塩、こしょうだけというのもさっぱりしてよい。

チーズフォンデューは土鍋の肌ににんにくの切り口をこすりつけ安白ぶどう酒を煮立てた中におろしチーズを加えてなめらかに溶かす。このチーズが、いろんな料理本では必ずエメンタールとグリエールを半々にということになっているのだが、絶対にそれでなければできないというわけではない。私がフォンデューを作る動機は、たいてい、ワインの飲み残しの処分ということにあるから、そのときあり合わせたチーズの中でなるべくスイス系の、白っぽくてあまりクセのない、よく溶けそうなものをおろすか刻むかして使う。ピザ・チーズと呼ばれているものなら確実によく溶ける。チーズの量はワインがどれだけあるかによりけりだから、適当に見はからって入れ、薄いようならさらに加え、トロンとしゃもじにまとわりつくぐらいの濃さにする。塩とこしょうで味を引きしめ、もしあればキルシュ酒をちょっぴりたらす。バゲットというフランスパンを皮がパリッとするようにオーブンで暖め、その皮を必ずどこかにつけて一口大に乱切りにしたのをかごに盛り、鍋に添えてテーブルに出し、長いフォークに刺して鍋のチーズをからませながら、舌をヤケドしないよう気をつけて口に運ぶ。

チーズフォンデューに合うのはパンには限らない。うずらの卵をゆでて皮をむいておいたり、カリフラワー、マッシュルーム、じゃがいも、小えび、ウィンナソーセージ、ベビーコーンなどにあらかじめ火を通し、小口に切って並べておいたりすると華やかで楽しい。また、にんじん、きゅうり、セロリなどをスティックにしてコップにさしておき、これもときどきフォンデューに浸してかじると、サラダがわりの生野菜になる。

つまり、フォンデューだけでいくらでもにぎやかな食卓ができるわけだが、一方、私はひとりひっそりとお茶うけ程度の感じでささやかにフォンデューを作ることが多い。この場合は土鍋など持ち出さず、半熟卵用のミニキャセロールを座右のアルコールランプかストーブの上にのせておく。

その中のチーズをからめてつまむものはクロワッサンでもクラッカーでもポテトチップスでもかまわない。

♛ パンプディングにはラム酒のフレーバーをきかせて

パンといえば私は初めにサンドイッチの悪口を書いたが、サンドイッチだってときにはおいしい。私が好きなのはカツレツや魚のフライ、あるいはかきフライのホットサンドイッチだ。鍋の底にちょっぴり残ってドロッと煮つまったカレーなどがあれば、パンにたっぷりとぬりつけてカレーサンドイッチにする。これも私の大好物だ。

残り物のパンの利用法として、パンプディングもよく作る。パンをこまかく刻んで牛乳に浸し、溶き卵をまぜ、砂糖で適当に味をつけ、あれば栗や干しぶどうを刻み込み、耐熱容器で固まるまで蒸すと、サッパリしたプディングになる。これを切り分け、バニラかラム酒のフレーバーのカスタードクリームをかける。プディングがめんどうならフレンチトースト。牛乳と卵をまぜた中に浸したパンを、バターできつね色に焼いて蜂蜜かメープルシロップをかけるだけで、これなら小学生の子供でもできる。こういういくらか甘いスナックというのもときにはよいものだ。

♛ 粉と水さえあれば懐かしい味、すいとんができる

その昔、代用食の代表だったさつまいもも、近ごろは高いものになった。石焼きいもなどもう気軽には買えないが、おかげでおいもも大いばりのごちそうになった。さつまいもやじゃがいもをふかしたりオーブンで焼いたりしたホッカホカを、大皿かかごに盛り、バターと塩を添えただけの素朴なもてなしがとても喜ばれる。たくあんや漬けものをザクザク切ってどっさり盛った一皿も添えたい。

やはり戦中戦後の食糧難時代に活躍したすいとんも最近ふと懐かしくなって作ってみたら意外とおいしい。以来、冷蔵庫になんにもないと、しめたと思ってすいとんを作る。和風のすまし汁でも洋風のスープでも好きなほうを、いくぶん味は濃いめに作り、煮立ったところへ小麦粉を1、水1弱の割合で溶いたものをポトンポトンと落とすだけ。野菜はあるものを入れればよいが、大根、なす、ねぎ、小松菜、にんじん、きのこ類などが特にすいとんと相性がよいようだ。

♛ あっという間にでき上がるフローズンクッキー

小麦粉を持ち出すと、ついでにお菓子も焼きたくなる。といっても、私は単純素朴なカップケーキ、パウンドケーキ、クッキーぐらいしか作らないが、教科書的な標準量よりもバターや卵は多めに、砂糖は少なめにというのがわが家の流儀で、姿かたちはあまりよくなくても上品なオトナの味になる。

ヒマなときにフローズンクッキーの仕込みをしておくとしばらく重宝する。小麦粉1カップあたり、バター大さじ5杯、砂糖½カップ、卵黄1個分、ベーキングパウダー小さじ半分ぐらいの割合で材料をそろえる。バターを練り、砂糖、卵黄を加えてなめらかにしたところへ、ベーキングパウダーといっしょにふるっておいた小麦粉をさっくりとまぜ、幾つかに分けてそれぞれに好みのフレーバーを加える。レーズン、ココナッツ、粉チーズ、ココア、インスタントコーヒー、くるみ、ラム酒の7種類ぐらいがわが家のレパートリーだ。それぞれをなまこ型に固め、ワックスペーパーで包み、表面に種類を書いて冷凍庫に入れておく。お茶うけがほしいときなど、そのつど好みの種類を必要量だけ2〜3ミリぐらいの厚さにスライスして、オーブンで焼く。1〜2人分ならオーブントースターでも焼ける。来客で私が手を離せないとき、子供に、「クッキーでも焼いてちょうだい。きょうはチーズとココナッツとコーヒーの三種類ぐらいでいいわ」と声をかけると、お客はみんなびっくりし、10分もたたないうちにほんとうに子供がささげてくる焼きたてのクッキーを味わって、またまたびっくりする。このフローズンクッキーは実にさわさわと歯ざわりがよく、とても子供の作品とは思われない優雅な焼き菓子なのである。凍らせてあるからこそ、なんとか焼きに耐えるくらいいっぱいバターがはいっているわけだから、市販のクッキーのように長もちはしない。それだけに既製品が絶対かなわない味である。

できあいで歩む女の堕落の道

以上思いつくままにスナックを並べてみたが、この分野の可能性も限りがない。スナックというとすぐそのへんに食べに出たり、子供に小銭を渡して買ってこさせたりする人が近ごろは多いようだが、スナックこそ機知や才覚の生かしどころだし、思いやりをこめるかいのあるものなのだから、でき合いにたよってしまうのはもったいない。ここで私があげたスナックの中のなにか一つさえできないほどスッカラカンになんにもない台所などめったにあるものではないし、ほんのちょっと台所に立つ間もないというほど忙しい人も少ないだろう。

料理をオックウがる人のいろんな言いわけの中でただ一つ私にもうなずけるのは、「自分だけのためになにかわざわざ作ってボソボソひとりで食べる気はしない」という独身者、あるいは昼間の主婦のつぶやきである。ほんとうにひとりでは張り合いがないし、1人分なら作るより外から買ってくるほうが安上がりなことさえあるから、私もしばしばでき合いですませるが、いつもいつもこれをやっていたらたちまち堕落するゾとみずからを戒める。いなりずしやのり巻きや握り飯が毒々しい紅しょうがとプラスチックの笹の葉で飾られた〝お弁当〟を買ってきて、テレビの昼メロの前にどっかりすわり込むことに恥を覚えなくなったとき、その人は確実に堕落の道を歩み始めているのだ。

普通、独身者の心をしめつけるのは、経済的にたよるものがないとか、老後がどんなに寂しいだろうとかいった不安だろうが、私はそんなことはこわくない。いや、全くこわくないとは言わないが、さしあたってもっともっとこわいことがある。それは、ひとりでいると、人間とかくタシナミを忘れていくことだ。いつか澤地久枝さんが「このあいだ、ある独身の女性と食事をしたら、彼女が遠くの皿を自分のお箸でもってツツツッと引き寄せるじゃないの。彼女にとっては全くなにげない動作なんだけど、私はああ、ひとり暮らしってこわいな、こういう無作法なことができるようになっちゃうんだな……と思ってゾッとしたわ」と言っていたが、私も同じような経験に憮然《ぶぜん》とすることが少なくない。これは独身者ばかりではなく、人目のない家の中でドテッと安心しきった主婦たちにしても同じことである。いや、社会人として少なくとも職場では緊張感がある独身職業女性のほうが、まだしもマシで、もう亭主などオトコに思えなくなった中年主婦がいちばんひどいのかもしれない。

日本の女は世間に見栄を張るためか、男に媚《こ》びるためにしかおしゃれをしない。だから家の中では、髪振り乱し、化粧もせず、アッパッパーで毛糸のソックスかなにかはいて平然としている。なぜもっと自分自身のために、美しくあろうとしないのだろう。

ひとりならなおのこと、心してこまやかに美意識を維持しなければ、人間は実にたやすく醜《みにく》くなるものなのだ。

ひとりでもおしゃれをする心意気で、ひとりでもこまめに料理をしよう。昼間、あるいは夜中のスナックがたとえ孤独なものだろうと、それをひっそりとたいせつに楽しむデリカシーがほしい。ひとりだからただおなかを張らせばいいということで、インスタントやレディメード食ばかりとなりふりかまわずナレ合っていると、舌ばかりか、すべての感性が貧しく薄っぺらなものになっていくだろう。

九章

旅で集めたエクゾティック・クッキング

世界のみやげ料理

いろんな国をよく歩いたものだと思う。

私は荷物の少ない身軽な旅をしたいから、かさばるみやげ物などはめったに買わない。そのかわり、いつでもどこでもこまめにおいしいものをさがしてはせっせと食べ、その思い出をいっぱいいたいせつに持ち帰る。

しかし、どこで何がおいしかったなんてみやげ話だけ聞かされてうれしい人はあまりいないから、私はなんとかその味を家族や友だちにも体験させようと躍起になる。空路直行で帰国するときに限り、ロシアのキャビア、アラスカのスモークサーモン、フランスの生チーズやフォアグラ、スペインのハモン・セラノ（生ハム）……ぐらいはかろうじてちょっぴり持ち帰り、意気揚々と留守部隊にふるまうこともできるのだが、料理となるとそうはいかない。そこで同じ料理をわが家で再現できるよう、材料や作り方を料理人にこまかく聞きただして頭にたたき込み、味や姿をしっかり舌と心にとどめてくるように努めるのである。

しかし、日本に帰っていざ実験にとりかかろうとすると、なかなか材料がととのわなかったり、技術的にどうももう一つのみ込めないところがあったりして、そのまま意気沮喪《そそう》してしまうことが少なくない。それだけに、やっと同じようなものができ上がり、ちゃんと懐かしい旧知の味がしたときのうれしさは格別だ。

この章ではこれまでにたずねたさまざまな国の食卓を思い返しながら、みやげ料理のいくつかをご披露したい。

手持ちのみやげ料理をザッと思い浮かべると、その故郷の分布はずいぶんとかたよっていて、なんのみやげもない国もあれば、いっぱいありすぎて困る国もある。しかし、ここではともかく各国から一つずつ選び、万国旗のように並べてみることにする。

ソビエト

子供時代に住んでいた中国は別として、私が初めて訪れた外国はソビエトだ。貧乏旅行のせいもあっただろうが、毎日ウナされるほどじゃがいもとグリンピースに攻め立てられ、肉はギトギト脂っこすぎるかゴッツゴッツと頑丈で、そのうえ地団駄《じだんだ》踏むほどサービスがおそい。つくづくと日本が懐かしくなる食生活だったが、そんな中で、さすがにボルシチだけは確実においしく、私はいつも母なる大地に抱かれるようにホッとして、あの赤いスープの皿にかぶりつくのだった。

一口にボルシチといっても、みそ汁にいろいろあるくらい土地によって違うらしいが、ウクライナ風の豆入りボルシチは、まず一晩前から大豆を水につけてふやかしておくことに始まる。

次にビートをゆで、皮をむいて薄切りにし、酢を振りかけておく。

牛並肉200グラム《グラム》、キャベツ½個、玉ねぎ1個、セロリ1本、をそれぞれざく切りにして、大さじ4杯のバターで炒めた上に、ビーフブイヨンを8カップとトマトピューレー½カップを加え、ベイリーフ1枚と塩とこしょうを入れて20分ほど煮てから、大豆とビートを入れさらに5分ほど煮る。深皿によそってから、サワークリームをたらし、刻みパセリを振る。

フィンランド

学生時代のうたごえ運動で覚えた「フィンランディア」という歌が大好きなのでヘルシンキの友人の前で歌ってみせたらすごく喜ばれた。そして、「これが料理のフィンランディアだよ」とごちそうになったのが、Sienisalaatti というマッシュルームのクリームあえである。

刻み玉ねぎ大さじ2杯を、たっぷりのバターできつね色に色づくまで5分ほど炒めたところへ、スライスしたマッシュルーム400グラム《グラム》を加え、塩とこしょうとナツメグを振りかけ、しばしばかきまわしながら弱火で10分ぐらい炒《いた》める。マッシュルームが色づき水けがなくなったら、鍋を火からおろし、サワークリーム2カップをまぜ入れ、また火にかけてクリームが煮え立たないようにほどよく暖め、最後に刻みパセリを散らす。

スウェーデン

フィンランドから夜のバルティック海峡を蕭々《しょうしょう》と船で渡り、早朝に到着したストックホルムは、そのままパキッと路上に凍りつきそうに寒かった。骨がきしむほど震えながら飛び込んだホテルでありついたCurrysoppaというカレー風味の濃厚なスープをふうふう言いながらすすり終えたときの、体の芯に火がともったような安堵感は忘れられない。

玉ねぎ1個の薄切りとにんにく1かけらの乱切りを、たっぷりのバターで炒め、色づいてきたら、りんご1個のすりおろしとタイム1つまみとカレー粉小さじ1杯を加え、小麦粉も少し振りかけてさらに数分炒めた上に、ビーフブイヨン（鶏や魚の煮汁でもよい）を8カップほど徐々に注ぎ込み、5分ほど煮て、最後に生クリームを½カップまぜ入れて火を止める。

ノルウェー

オスロの宿でメニューを見たらEggestaudというのがあるので、ゆで卵が立ててあるのかと思って注文したら、オムレツともスクランブルともつかない変わった卵料理が現われた。これは卵のカスタードという意味だそうで、つまり甘くないプディングだ。スカンジナビアの澄明な雰囲気に似合った、さっぱりと上品な味である。

卵4個を溶き、1カップ弱のクリームかミルク、こしょう1つまみ、塩小さじ1杯、ナツメグ少々を加えてまぜてから、裏ごしにかけ、バターをぬった耐熱皿に入れ、表面をワックスペーパーでおおう。この皿を浅く水を入れた天板の上に置き、オーブンに入れ、すが立たないよう弱火でおだやかに20～30分蒸す。

ナイフをさして中身がついてこなければでき上がり。少しさましてから、他の皿にとり出して供する。

デンマーク

スカンジナビア三国の名物はなんといってもスモーガスボードである。色あざやかにワーッといっぱい並んでいるからすごく複雑豪華に見えてワクワク気もそぞろになってしまうが、一つ一つを見ると別にそう珍しいこともない日本にもよくあるオードブルやサラダやオープンサンドイッチがほとんどだ。私には、にしんがいちばんおいしい。サワークリームをたっぷり添えたにしんの酢漬けが私の大好物だが、まだ自分で作ったことはない。日本でもときどき試みるのは、コペンハーゲンの友人の家庭で食べたOvnstegte sildというにしんのあぶり焼き。

三枚におろしたにしんを、刻んだトマトとマッシュルームとねぎといっしょに、バターをぬった天板に並べ、にんにくのみじん切りと、塩とこしょうを振りかけ、熱したオーブンに入れて15分ほど焼くだけの簡単なおそうざいである。

アメリカ

いちばん長くいた外国アメリカは、食べ歩きの楽しみの乏しい国だ。ニューヨークのような国際都市にはいろいろとエキゾティックな料理の店もあるが、あれをアメリカ料理とはいえない。日本にも進出してきたマクドナルド・ハンバーガーやケンタッキー・フライドチキンなどを典型とするフードチェーンが、全国津々浦々に同じ看板を張りめぐらしてバラまく規格品の味に、アメリカ人はみごとに飼いならされ、異質な味や得体の知れないものを受けつけなくなってしまった。

人車一体のこの社会では、レストランもその立地条件、外容、機能などすべてにわたってガソリンスタンド化し、いまや食物はガソリンなのである。衛生、量、熱量、値段などどこでも明快にととのっていて安心だが、個性的なおもしろみは望めない。

〝ガソリンスタンド〟のレパートリーの中でちょっと懐かしいのは、クラムチャウダーだ。クラムチャウダーには牛乳味のニューイングランド・スタイルと、トマト味のマンハッタン・スタイルの二とおりがあり、ニューイングランドのほうがより伝統的らしい。

日本ではアメリカほど気軽にはまぐりを使えないから、かわりにあさりでも2皿ぐらい買ってきて塩水で塩を吐かせておく。

まず、あさりをひたひたの水で煮て、口をあけたら身をとり出して殻は捨てる。煮汁は重要なスープだからもちろん残しておく。

ベーコン１００グラムを刻んでこんがり炒めた上に玉ねぎ1個を刻んで加えてさらに炒め、貝のスープを注ぎ込み、じゃがいものさいの目切りを入れてしばらく煮てから、貝のむき身を加え、両方がやわらかくなるまで煮る。

そこへ鍋のスープとほぼ同量の牛乳またはクリームを別鍋で熱くして加え塩とこしょうで味をととのえ、ふっとうする前に火を止め、最後にバターを落とす。

イギリス

私は英国では「ベッド・アンド・ブレックファースト」という小さな看板を出したきわめて安上がりな民宿に泊まることが多いが、そんなところの朝食でも、他のヨーロッパの国々でコーヒーとパンだけの簡素なコンチネンタルブレックファーストに慣れたあとでは、びっくりしてしまうほど豪華絢爛だ。だから昼は、パブのカウンターに突っ立ったままささやかなスナックでもつまめば事足りる。そういうスナックの中で気に入ったのは、黒いライ麦のパンに雪のようなコテージチーズとなまなましいピンクのスモークサーモンを重ねたオープンサンドイッチ。それを下敷きのレタスにくるむと、かじってしまうのが惜しいほど彩りあざやかで美しい。

オーストラリア

カンガルーのしっぽのシチューというのは、まずこの国でしか食べられないであろう珍味だが、牛のしっぽを同じように料理してみたら、このほうが私にはおいしかった。

玉ねぎ3個、にんじん3本、かぶ3個、セロリ3本をそれぞれざく切りにし、牛脂で10分ほど炒めたところへ、2センチぐらいに切ったしっぽ1本分を入れ、10カップのブイヨンを注ぎ、ベイリーフとメースとナツメグを入れて煮立て、火を弱め、ふたをして3時間煮る。いったんさましたスープを固まった脂をすくいとってからこして鍋に戻してまた煮立て、量が足りなければ水を足し、塩とこしょうで味をととのえ、赤ぶどう酒1カップを入れて仕上げる。

ニュージーランド

国じゅうが牧場のような緑の国土に、人口の何倍もの羊が暮らしているニュージーランドだから、当然食卓にも盛大に羊が登場する。羊にヨワイ私が初めてそれをおいしいと思ったのはカンタベリー・ラムという、蜂蜜を使った子羊のキャセロールだった。

にんにくをよくすり込んだ子羊肉４００グラムを一口切りにしてそのままオーブンに入れられる種類の鍋でたっぷりのバターで炒め、塩、こしょうし、大さじ1杯の蜂蜜をまぶしつける。肉がこんがり色づいたら、小麦粉大さじ1杯を振りかけ、よくまぜながらさらに数分炒め、カップの水を注ぐ。そこへにんじん2本の薄切り、玉ねぎ1個のみじん切り、おろししょうが小さじ2杯を入れて煮立て、鍋にふたをしてオーブンに入れ、1時間ほど、ラムがやわらかくなるまで熱する。

フランス

フランスは自他ともに認める美食の王国だけに、日本にも立派な〝出張所〟がいっぱいあり、いまさらみやげ料理でもないけれど、本格的なフランス料理屋はべらぼうに高くてめったに近寄れない。あんなのにオソレ入ってるのはシャクだから、モノグサな私も近ごろ少し手間ひまかけて張り合ってみる気になってきた。

比較的たやすいわりには凝《こ》った感じのフランス料理はコキーユ・サンジャック。

白ワイン1カップ、塩小さじ1、ベイリーフ2枚、玉ねぎみじん切り大さじ2、こしょう少々を鍋に入れて煮立て、ほたて貝（平貝でもよい）十数個とマッシュルームの薄切り２００グラムほどを入れ、１００ＣＣほどの水を注ぎ、静かに一煮立てし、貝とマッシュルームを引き揚げてボールにとる。残りの汁は1カップほどに煮つめる。

別の鍋を弱火にかけ、バター50グラムで小麦粉10グラムを炒めて火からおろしたところへ、前の煮汁を煮立った状態で静かに少しずつ注ぎ入れながらダマができないようなめらかにのばし、つづいて牛乳カップ1を加え、火にかけて瞬時煮立てる。卵の黄身2個分と生クリームカップ1をボールにまぜ、そこへ鍋に煮立ったソースをたらしながらたたき込むように強くかきまぜる。

全部まざったら鍋に戻し、塩とこしょうで味をととのえ、レモン汁をたらす。これで典型的なフランス風味の濃密なソースができ、ほたて貝に限らずどんなコキーユにも使える。

さて、ほたて貝はマッシュルームといっしょにソースであえ、バターを敷いた貝殻かグラタン皿に人数分に分けて盛り、少し残しておいた白ソースをかけ、グルイエールかエメンタールのおろしチーズをたっぷり振りかける。これを上火のオーブンに入れ、中火でソースに焦げ目がつくまで5分ほど焼く。

イタリア

イタリアもフランスに負けない食い倒れの国だ。日本だとレストランにはいってピザやスパゲティだけ食べてもおかしくないが、イタリアではピザは立ち食いのおやつであり、スパゲティは前菜と主菜の間にはさまるスープと同格の間奏曲にすぎない。主菜として最もポピュラーなのは子牛肉で、その代表的な料理の一つ、サルティンボッカを私もよく作る。

子牛（オトナの牛でもいい）肉の薄切りをさらにたたいてできるだけ薄くのばした上に、同じくらいの大きさのロースハムの薄切りを重ね、セージの葉を入れて塩とこしょうを振り、クルクルと巻いてつまようじでとめたものを一人あたり2～3本。たっぷりのバターでこんがりと焼いたところへ白ワインをひたひたに注ぎ、ちょっぴり煮立ててから火を弱めてふたをし、10分ほど煮る。

スペイン

スペインでは、居酒屋でチョビチョビ立ち食いするオードブルの楽しさにまさるものはないが、ちゃんと食卓につくときは、何をおいてもまずガスパチョという冷たい強烈なスープをすすりたい。

よく熟《う》れたトマト5個とタネをとったピーマン2個のみじん切り、酢とオリーブ油を各⅓カップ、にんにく3片のすりおろしをいっしょにして、すり鉢でなめらかにまぜ、冷水1カップでのばし、塩、こしょうで味をととのえ、冷蔵庫に冷やしておく。食卓ではかき氷を下敷きにしたガラスのスープ鉢によそい、薬味皿にきゅうりやハムのさいの目切り、パンをこまかく切って揚げたクルトンなどを盛って添え、各自で適宜スープに散らす。

ポルトガル

ポルトガルではなぜか干だらをもどして使う料理がさかんだが、私はせっかく海洋国に来たからには新鮮な魚介を食べたい。潮くさい漁師町の宿で出された lulas de caldeirada という いかの煮込みはとてもおもしろかった。

いか2〜3ばいの内臓を除き、一口ぐらいの大きさに切って洗っておく。厚鍋にオリーブ油をたっぷりと熱し、玉ねぎ2個ぐらいのザク切りをやわらかくなるまで炒めたところへ、いかとポルト酒それぞれ大さじ1杯、おろししょうが小さじ½杯、刻みトマト2〜3個分、ベイリーフ1枚、塩少々、白ワイン1カップを加え、ふたをして弱火でコトコトと煮る。1時間ほどしたところで、薄切りのじゃがいもとピーマンを加え、少し水を足し、塩で味をととのえてじゃがいもがやわらかくなるまで20分ほど煮る。

スイス

スイスではスキーロッジで雪に凍えた体を暖めたポタージュ・オー・ポアローが懐かしい。長ねぎ数本を薄切りにして一握りの洗い米といっしょに土鍋で20〜30分煮、米がやわらかくなったらビーフブイヨンを加え、塩とこしょうで味をととのえる。別の小鍋に白ワインを1カップ煮立てた中で、おろしチーズを溶かし、深皿によそったスープに大さじ1〜2杯ずつ入れる。

ドイツ

ドイツは豚肉が美味しい。豚のももをコロコロに切って、しばらくビールに漬けておく。一方、フライパンに、あさりのむき身を汁ごと入れ、白ワインをひたひたに加えてから豚肉を入れ、ソースが肉にからまるぐらいまで煮つめ、塩で味をととのえる。この料理のつけ合わせには、ほうれんそうとチーズを入れたマッシュポテトがいい。

オーストリア

オーストリアはお菓子と野鳥獣料理が名物らしいが、あまり私の興味をひかない。印象に残ったのは、さりげないオードブルのマッシュルームフライ。石づきをとったマッシュルームにドライシェリーと塩、こしょうを振りかけ、生クリーム、溶き卵、小麦粉、パン粉の順にまぶして揚げ、レモン汁をかける。

ハンガリー

ハンガリーからは土のにおいがするような素朴なおそうざい、チルケ・パプリカシュ。ヒゲのはえたたくましいおばさんが、自分で首をしめた鶏をごちそうしてくれたのだ。

若鶏1羽をばらし、玉ねぎ1個をみじんに切り、ピーマン2個を縦割りにしてタネを除き、トマト2個をさいの目に刻み、じゃがいも3〜4個の皮をむいて四つ割りにする。

深い厚手の鍋に大さじ5杯の油を熱し、鶏と玉ねぎを入れ、塩小さじ2杯ほど振りかけ、中火で20〜30分炒めてから、残りの野菜を入れ、さらに20分。じゃがいもがやわらかくなってきたら塩を足し、パプリカ小さじ3杯ととうがらし粉1つまみを入れてまぜ、さらに数分後小麦粉大さじ2〜3杯を振りかけてまぶし、じゃがいもが浸るくらいの水を注いで煮る。

ユーゴスラビア

アドリア海のあまりにも明るい蒼《あお》さに心をひたしていると、魚に化身したような気持ちになる。それで共食いを避けているわけでもあるまいに、毎日毎日食卓に出てくるものは肉やじゃがいもばかりなのである。ついにたまりかねた私は、宿の主人に「せっかく海辺に何日も泊まっているんですもの。この海の魚を食べさせてちょうだいよ」と強く申し入れ、ついにユーゴスラビアで初めて魚料理との対面を果たすことになった。待ちに待ったその魚がさばだと聞いて、いささかガッカリしたが、食べてみるとふだん食べ慣れたさばとはまるで感じの違うしゃれた味である。

Skuše Marinirane というこのさばのマリネードは、オリーブ油1カップ弱、水1.5カップ、玉ねぎ1個の薄切り、にんにく数片、ベイリーフ2枚、粒こしょう小さじ1杯、皮ごと刻んだレモン1個、塩小さじ1杯を全部いっしょにして30〜40分間煮立てる。さば1尾のワタをとって洗い、塩をまぶし、なるべくなら炭火で丸ごとゆっくりと焼き、中までちゃんと火が通り、こんがりと全面まんべんなく焦げたら、さましておいた鍋の汁を注ぎかけ、そのまま二夜置いてから食べる。

ギリシア

ギリシアからはオードブルの代表タラモサラタ。甘塩のたらこ100グラムほど皮をとってほぐし、みみを除いた食パン3枚分を牛乳に浸して絞ってほぐしたもの（マッシュポテトでもいい）をまぜ合わせ、にんにく1〜2片をすりおろして加え、玉ねぎの汁も少々たらし、レモン汁1個分の汁も絞り入れ、オリーブ油大さじ3〜4杯を少しずつ加えながらきめこまかくなめらかなペースト状になるまでていねいに練る。

フランスパンをちぎりながらこのペーストをたっぷりとぬって食べ始めるとやめられない。

トルコ

トルコからは、イスタンブールの丘の妖《あや》しい夕暮れをながめながら食べた魚の串焼き。キリクシステとかいう名前だった。

オリーブ油とレモンの絞り汁を半々に合わせ、玉ねぎの汁も少々加え、パプリカと塩をそれぞれ少量振り込んだ中に、ひらめか何か白身の魚の一口切りを、ベイリーフと重ね合わせるようにして6〜7時間つけ込んでおく。それをレモンやトマトのスライスと交互に金串に刺して炭火にかざし、途中いくどかハケでつけ汁をまぶしつけてはひっくり返してゆっくりと焼く。焼き上がったら、レモン汁2、オリーブ油1の割合で合わせ、にんにくをすりおろし、刻みパセリをまぜたドレッシングをつけて食べる。

エジプト

エジプトからは牛肉とオクラ（Bamia）のシチュー。

肉はシチュー用400g《グラム》を一口切りにし、オクラも400g《グラム》、ヘタを除いておく。よく熟《う》れたトマト2個と玉ねぎ1個もそれぞれみじん切りにする。

厚手の鍋にバターを熱し、まず玉ねぎとにんにく1かけらをよく炒めた上に肉を加え、焦げ目がついたらオクラを、さらに数分後にトマトも加えて炒めてから、ひたひたに水を注ぎ、トマトピューレー大さじ1杯と塩、こしょうを適宜入れ、一煮立ちしたら火を弱めて焦げつかないように必要ならときどき水を加えながら1時間余りコトコトと煮る。肉がやわらかくなったら塩、こしょうを足して味をととのえ、レモンの汁も半個分ほど絞り入れる。

レバノン

ベイルートは、飛行場のまわりの海と丘と林をながめただけで、早くも魅惑される美しい都だったのに、内戦でひどいことになってしまったらしい。心やさしいゲリラたちがときにワインをくみ交し、Immos を食べて元気をつけるという裏街のあの小さなレストランは無事だっただろうか。

イモスは、〝母の乳〟という意味で、子羊の肉を羊乳のヨーグルトで煮たものだ。〝若いけものはその母の乳で煮よ〟とかいう言い伝えがあるそうだが、日本で手にはいるヨーグルトは牛の乳だから、子牛肉を使ったイモスにしよう。

子牛肉４００グラムを薄切りにして塩、こしょうし、玉ねぎ1個の薄切りといっしょにきわめてやわらかくなるまで長時間蒸す。圧力鍋があればずっと時間は短縮する。

プレーンヨーグルトカップ2杯をボールにあけて液状になるまでかきまわし、卵白1個分と塩1つまみを加えて木じゃくしでたたき込むようによくまぜてから（こうしてから煮ないとしばしば熱で固まって分離してしまう）、鍋で肉と合わせ、十数分煮、塩とこしょうで味をととのえ、にんにく1かけらを刻み、バターでカリッと香ばしく炒って振りかける。

このイモスに、サフランかカレー粉で色と香りをつけたサラッとした炒めごはんを添える。

タンザニア

まっさおなインド洋に面したダルエスサラームの浜辺で仲よくなった鋼鉄のように黒光りした精悍《せいかん》な青年が「お守りに」と、さめの奥歯を私の手のひらにのせてくれた。

「ありがとう。ついでにもう一つおねだりしていい？　私、アフリカの食べ物を知りたいの。ホテルでは英国かインドの料理だけなんですもの。あなたのお家で昔から普通に食べてるものは、どんなもの？」

翌日、彼がやしの葉にくるんで恥ずかしそうに持ってきてくれたバジャというコロッケのようなものを、桃太郎のきびだんごみたいに携えて、私は豪快なサファリの旅に出発した。壮大なサバンナのまん中でキリンやライオンを間近にながめながらかじったバジャそれは文字どおり野趣あふれる味だった。

じゃがいもを3個ほどゆで、皮をむいてつぶし、刻みパセリ小さじ1杯、ししとうがらし1本のみじん切り、塩小さじ1杯、ターメリック小さじ1杯、とうがらし粉1つまみ、レモン½個の絞り汁を加えてよくまぜ合わせてから、ゴルフボールぐらいの大きさに丸める。次に大さじ1杯の小麦粉に塩1つまみを加え、少量の水でドロリと溶いてポテトボールの衣にし、揚げ油でこんがりと揚げ、ココナッツフレークをまぶす。

インド

インドはお牛さまが人間より優雅に暮らす国。人々は牛肉など夢にも食べず、そのかわり牛の糞を乾かして燃やすタンドリーという土のかまどで煮炊きする。タンドリーチキンという鶏の紅焼きは絶品だが、これはなぜかどうしてもオーブンではまねができないのであきらめ、せめて盛大に辛いカレーでインドをしのぶことにする。

まずカレー粉作り。ターメリック、クミンシード、コリアンダーシードを各小さじ1杯、チリパウダーを小さじ3杯、シナモン、カーダモン、黒こしょう各小さじ½杯を全部合わせる。

すでにパウダーになっているのならまぜ合わせるだけだが、まだ形があるものは、やげんで砕く。

玉ねぎ1個を刻み、にんにく3片のみじん切りといっしょに大さじ2杯の油できつね色になるまで炒め、合わせておいた〝カレー粉〟（既製のカレー粉なら大さじ3杯）と、すりおろしたしょうが小さじ1杯を加えてまぜる。そこへ鶏半羽分のぶつ切りと塩大さじ1杯を加えて色が変わるまで炒めたところへ、カップ½杯ほどの水を注ぎ、トマト2個をみじん切りして加え、りんご半個とにんじん1本もすりおろして入れ、弱火で20〜30分煮込み、塩けが足りなければ塩、辛みが足りなければタバスコを振り込んで好みの味にととのえる。鶏がやわらかくなり、味がしみたら、プレーンヨーグルトを1カップ加えてまぜる。これだけ複雑にいろんなものをぶち込めば、どうころんでもともかく深遠幽玄不可思議な味になることは請け合いである。鶏のかわりにマトンやえびを使ってもよいし、なすやカリフラワーの〝精進カレー〟にするのもよい。

インドネシア

インドネシアからは広い木陰の食卓で食べたジャワのサラダ、ガドガド。季節の野菜ならなんでもよいが、私はきゅうり、トマト、さっとゆでたカリフラワーやさやえんどう、ゆがいたもやしなどを好んで用いる。ゆで卵の輪切りや焼き豆腐や湯葉、ゆでたえびや、かに、鶏のささ身なども加えたい。これらの材料をサラダ菜を下敷きにして彩りよく盛り合わせて、カッチャン・サンベルという独特なドレッシングをかけたのがガドガドだ。

玉ねぎ1個、にんにく3片、炒りピーナツ1カップ、ゆでた芝えび100グラムをすべてこまかく刻み、すり鉢でいっしょによくすり合わせ、酢大さじ2杯、塩小さじ1杯、砂糖とこしょうと油少々を加えまぜ、味をととのえれば、ドレッシングになる。

タイ

自然の流れに逆らわず、おだやかにのどかに暮らすタイ人の一生をそのままたどるような水上マーケットのツアーを終えて陸に上がると、こんどは、極楽とはまさにかくもあろうかと思われる王宮とエメラルド寺院の幻惑的に壮麗な光景が展開する。陶然として仏さまのような気分になった私にはバンコクの海鮮料理屋で味わったフンワリたおやかな魚だんごのスープ、Pla Tom Yam がとても舌に合った。

白身の魚のこま切れ2カップを、にんにく4~5片、粒こしょう1つまみといっしょにすり鉢でつぶし、親指の先ほどの小さなだんごに丸める。干ししいたけ1つかみを水でもどし、一つを四つ割りぐらいにしておく。魚のアラを煮てよくアクをすくいながらだしをとり、このだしにしいたけをもどした水と酒大さじ2杯を加えて合計カップ5杯ほどのスープを鍋に煮立て、豚三枚肉の薄切り100グラム、豆腐1丁のさいの目切り、しいたけ、ゆでたけのこ小1本の薄切り、魚だんごを入れ、ふたをしてしばらく煮る。豚肉が煮え、魚だんごが浮き上がってきたら、フィッシュソース（といってもタイと同じものはないので秋田の魚汁《しょっつる》で代用）を小さじ2杯垂らし、青いねぎ数本を刻んで入れ、まもなく火を止める。最後に刻みパセリを散らす。

ベトナム

私は米軍の保護下にある従軍記者だったから、せっかくベトナムにいながら基地や戦場では味気ないアメリカ食ばかり。

やっと町に戻った私は、汗臭い野戦服を脱ぎ捨て、天女の羽衣のようなアオザイに着かえるやいなや、まっ先にベトナム料理屋に飛び込んだ。なによりもかにを食べたいが、メニューはベトナム語だけで全くわからない。かにの足の数、歩き方などを手まねで示す大奮闘の末、ともかくも注文を果たし、祈るような思いで待つ私の眼前にドスンと置かれたのは、まさしくかに、それも今までに味わった最高のかにだった。

はじけそうに肥えて、紅《あか》い卵もどっさりかかえたみごとなかにを殻ごとぶつ切りにして酒を振りかけ、にんにくとしょうがの乱切りと塩といっしょにジャーッと炒める豪快なかに料理である。

同じことは家でも簡単にできるが、かにの格が違うから、全く同じ味にはならない。それでもともかく顔じゅう汁まみれになるのもかまわず、夢中でむしゃぶりついてしまうのだ。

フィリピン

フィリピンには陽気でもてなし好きの友だちが多いが、だれの家でごちそうになっても出てくるのがアドボという豚の角煮。

豚ばら肉800《グラム》ほどを3センチ角のぶつ切りにして深鍋に入れ、水カップ1杯、にんにく5〜6片、しょうゆカップ½杯、酒と酢各大さじ2杯、チリパウダーとパプリカ各小さじ1杯を加えて強火にかけ、煮立ったら中火にして30分以上煮る。長く煮たり、煮返したりするほど味がしみておいしい。

ハワイ

ハワイの海に乗り出すと、私のようなドしろうとにも釣られてくれるのどかな魚がいて、豪勢な船上の宴が始まる。日本なら沖なますというところだが、ハワイでは生で食べるのをMakaという。

ハワイの魚の種類は忘れたが、新鮮なあじでハワイ式たたきを試みたら、イメージは裏切られなかった。

三枚におろして塩をしたあじを２００グラムぐらいよく冷やしてから、塩を払い、小指の先ぐらいに刻み、わけぎかあさつきのみじん切り大さじ3杯、塩炒りクルミか、なければアーモンドを砕いたもの小さじ2杯、こんぶの糸切り大さじ3杯、氷水カップ1杯、塩大さじ⅔杯、タバスコソース数滴を加えてまぜ合わせ、サラダボールに盛る。あとは好みでレモン汁やしょうゆを振りかけてもよい。

メキシコ

メキシコの海辺の貧しい村で、ふと気がついたら、村人総出の婚礼の酒盛りに仲間入りしていたことがある。手の甲に置いた塩をなめながらテキーラを飲み、したたかに酔っ払ったが、Guaという若草色のあえものの不思議な味が心に残った。あとで調べたら、アボカドのディップだという。アボカドというのはどうも青くさくてなじめないくだものだったが、これ以来好きになり、今は日本でも手にはいるのでしばしば利用しては、あの婚礼の陽気な喧《けん》騒《そう》を思い出している。

よく熟《う》れたアボカド3個の中身をすりつぶし、玉ねぎ1個とトマト2個をそれぞれこまかく刻み、レモンの絞り汁小さじ1杯、チリソース数滴、刻みパセリ大さじ1杯と塩少々も加え、すべてをまぜ合わせ、鉢に盛り、クラッカーやチップスにあしらって食べる。

イスラエル

イスラエルにはまだ行ったことがないが、インスタント万能のアメリカで、隣のユダヤ人の家族だけは父祖伝来の手作りの味を頑固に守っていた。その隣のオバサンがときどき「いっぱい作りすぎたから」と言ってお相判《しょうばん》させてくれたじゃがいものパンケーキは、おふくろの味のように懐かしい。

じゃがいも6個、玉ねぎ1個、にんじん1本をそれぞれ皮をむいてすりおろしてまぜ、卵3個を割り入れ、塩小さじ1杯、こしょう少々、小麦粉カップ½杯ぐらいを加え、しゃくしでまぜる。

それをフライパンに油を熱した上にたらして自然に広げ、ホットケーキのように焼くか、もっと多い油にポトンポトンと落として揚げる。

さけやまぐろのカンづめをほぐして入れたり、ひき肉や刻んだベーコンを入れたりするとぐっとオカズらしくなり、それにしょうゆやソースをかけて食べるとおいしい。

韓国

お隣の韓国では、親友の女流作家・王秀英女史のお宅に泊めていただけるから、家庭料理を存分に楽しめる。オンドルの床にすわって親しい人と七輪を囲む鍋料理の夜を思うと、韓国のあのきびしい冬が無性に懐かしい。秀英女史お得意のセンソンチゲは、はまぐりといしもちのちり鍋である。

いしもちか似たような白身の魚を2尾ぐらいぶつ切りにし、はまぐりは10個ほど塩水につけて砂を吐かせておく。生しいたけ、ねぎ、春菊は、ざく切りにしておく。

牛肉こまぎれ２００《グラム》ぐらいをせん切りにして、にんにくみじん切り小さじ1杯、すりごま小さじ2杯、こしょう少々と、ごま油大さじ1杯で炒め、色が変わったらカップ5杯の水を注ぎ、弱火で30分ほど煮つめる。だしがらになった肉はすくい去り、そのあとの汁へ、味をみながらしょうゆ大さじ2〜3杯、みそ大さじ2杯、とうがらしみそ小さじ1杯ぐらいを入れ、味がととのった鍋に生しいたけ、ねぎ、いしもち、はまぐり、春菊の順に入れて煮立てる。はまぐりの口が開けばでき上がり。

♛

さまざまな国から持ち帰ったみやげ料理のサンプルを並べてみたが、ホントに本物の味であるかどうかは保証の限りではない。材料や量目については記憶があやふやなものについては、ペンギン文庫その他の料理書なども参考にしてなんとかとりつくろったが、料理としてはそれなりにカッコウがついても、現地の味とは微妙に異なることが少なくない。どこの料理も、その国独特の風土や素材を母胎にして生まれたものである限り、他の土地への完全な移植はむずかしい。

それでも、西洋料理の東洋への移植はかなり進んだが、東洋の料理で国際的といえるものは数えるほどである。いや、これは料理に限らず、言語や風俗習慣や文化の全般にわたっていえることだろう。ちょっとくやしいけれど、考えようによっては、東洋人のほうが異文明への適応性、理解力において西洋人よりすぐれているということで、両方わかるだけトクだともいえる。

本格的なフランス料理を作る日本人はおおぜいいるが、本格的な日本料理ができるフランス人がいるものだろうか。横文字の料理書を読んでいても、日本料理の項目に至ると必ずアヤシゲで、にわかにその本への信頼が揺らいでしまう。たとえば、イギリスの有名な料理の先生で600万部もの料理書を売っている某女史の『世界の料理』という本における日本料理の代表はYosenabeだが、写真のソレはラーメンのどんぶりみたいな器に盛られたなにやら赤っぽいグシャグシャしたもので、およそ寄せ鍋とは似ても似つかない。その作り方は次のとおりである。

⑴鶏と魚をそれぞれ小さく切る。⑵油を熱し、鶏を薄切りの玉ねぎといっしょに炒める。⑶ピーマンの種子をとって切り、しいたけや魚といっしょに⑵に加える。⑷皮をむいたトマトと鶏のスープと酒またはシェリーとベイリーフとちょっぴりの砂糖を加え、鶏がやわらかくなり、汁がなくなるまで20分ほど煮る。

さすがに「ベイリーフとトマトは日本の伝統的な材料ではない」と断わってあるが、ともかく恐れ入った寄せ鍋である。私のみやげ料理にたとえ幾分の〝意訳〟があるとしても、まさかこれほどのことはないだろうと思う。

こんな料理のベテランでさえ日本料理のニュアンスはなかなか把握できないのだと思うと、せっかく日本に生まれ育った自分の優位を生かさないなんてもったいない、もっともっと日本料理を勉強しようという意欲に奮い立つのである。

十章

味覚飛行十二カ月

―世界の味のカレンダー―

1 朝粥に祝福あれ——一月

私の両親は、大正リベラリズムにどっぷり浸ったモダン・ボーイとモダン・ガールで、縁起を担いだり、しきたりにこだわったりすることは嫌いなくせに、正月や節句の祝いにだけは熱心で、しっかりしかるべき御馳走を食べなければ気が済まないという食いしん坊だった。とりわけ正月が好きで、戦後の窮乏期でさえ、無理にも豊かな祝膳を用意してくれたから、それが当然と思って育った私は、「開けゴマ」とばかり、ジャーンと眩しい御馳走に迎えられなければ、めでたく年が明けないのである。

生活が国際化した今では、必ずしも日本で年が明けるとは限らないが、欧米人の元旦の迎え方は、冷淡といえるほどさりげない。一応休日ではあるけれど、普通の日曜日と同じ完全休養日だから、御馳走なんて全く期待できないし、ちゃんとしたレストランのあるホテルだって、朝はいつものブレックファースト・メニューだけである。そんなところで一人侘《わび》しくボソボソ齧《かじ》るトーストが、年の始めに真っ先に口に入れる食物では、その年は食運をはじめもろもろの運勢もうら侘しいものになりそうだから、朝にならないうちに素早く祝杯を上げてしまおうと、私は大晦日の深夜に、美味を求めて街を駆け巡る。

パリでは幸いなことに、勤勉なアルザス料理屋が深夜まで店を開けている。全く海のないアルザスなのに、なぜか海の幸、それも活き造りの欧州版ともいうべきフリュイ・ド・メールが名物で、生がきをはじめ新鮮な魚介が銀盆に敷き詰めた氷の上にワッと勢揃いするさまは、日本のおせちよりも威勢のよい「あけましておめでとう」の大合唱である。

ニューヨークではあちこちの友人のアパートで開かれるニューイヤーズ・イヴのパーティをはしごするが、どこも酒が主役で、肴はポテトチップスのたぐいから、近頃はやりの宅配中華料理でもあればいい方だ。こんな干からびた芋の切れ端や、化学調味料まぶしのごった炒めごときに、食べ初めの栄誉を与えてなるものかと、私は処女のように硬く口を閉じている。そしていよいよ年が変わる瞬間に、手品師のようにサッと手土産のキャビアを取り出すのである。

どうせ一番ささやかな小瓶だけれど、思いっきりぎょうぎょうしく演出すると、冗談好きの仲間たちはたちまちのって来て陽気に成金ごっこを楽しんでくれる。

イラン産のキャビア一桶と真紅の薔薇数ダースというのが、オナシスのようなギンギラ大富豪お得意のプレゼントだから、私のような庶民がキャビアを持ち出すには、それをパロディにして、食べ初めを笑い初めの福笑いにしてしまうに限るのである。

レストランもパーティもない中国では、仕方なく大晦日を早寝した結果、元旦はやたらと早起きして、所在なく散歩に出た街で、骨の芯までバキバキに凍るような寒さに立ち往生してしまった。そのとき街角の屋台に立ち上ぼる湯気を見付けて私は狂喜した。そこで啜った朝粥は、これまでに経験した年頭の食事の中で、間違いなく最も粗末なものだったが、その熱さ優しさ有り難さを思い出すと、あれほど新春にふさわしい祝福に溢れた御馳走がまたとあろうかと思うのである。

2 ラクレットは危険な匂い――二月

二月なんて月は暦の上から抹殺してしまいたいと思うくらい寒さに弱い夏型人間の私なのに、今一番飛んで行きたいところといえば、ハワイでもインドでもジャマイカでもなく、よりにもよって寒さも寒きスイスの雪の中である。残念ながらスキーができるわけでもない私を、鳥もちのように強力な粘着力でスイスに引き付けて放さないのは、ラクレットというチーズの熱烈な接吻であり、その香りの濃密な抱擁なのだ。ラクレットは普段チーズを敬遠する人さえも、そのただならぬ情熱で一気に虜にしようと待ち構えている危険なチーズである。

首都ベルンの友人の家で初めてラクレットでもてなされたときは、やたらと可愛らしい小道具の勢揃いに、いい大人がおままごとでも始めるつもりなのかと目を剥いた。空飛ぶ円盤のミニアチュアみたいな真っ赤な琺瑯《ほうろう》引きの鍋が食卓の中央に鎮座して、まわりにはテフロン加工の三角しゃもじが人数分並んでいる。これにそれぞれラクレット・チーズのスライスを載せて円盤の中に突っ込むのだが、三角の角度は60度だから6人入れば360でぴったり丸くおさまるわけである。円盤が実はオーブン・トースターのようなものだから、上からの熱でチーズはたちまちブツブツ呻き声を上げ身もだえながらとろけ始める。それを手元の皿にとった小粒のじゃがいもの上に木べらでタラーッとかけ、急いでかぶりつく。なにしろ完璧主義の国民だから、じゃがいもは冷えないように綿入れの小型蒲団にくるんである。そのほっかほかのじゃがいもがさらに溶岩流みたいなチーズに覆われるのだから、火傷をしないのが不思議なくらいあつあつで、猫舌人間なら確実に悲鳴を上げて尻尾を巻くだろう。

これは家庭で楽しむラクレットだが、本来はもっと素朴で粗削りな山男の料理なのだ。吹雪の中の山小屋に掛けられた「ラクレットあります」の看板は、救護犬のセントバーナードが首に提げたブランデーに匹敵するほど、嬉しく頼もしい。

ここでは、ずっしり重い丸いままのチーズを直接暖炉の火にかざして、切り口がベロンと溶けたところを、小屋番の山男が長い包丁でスッと切り分け、まだ湯気を上げているじゃがいもの頭に無造作にかぶせる。おかわりは何回でも自由で、厨房から次々と茹で立てのじゃがいもが運ばれて来るのだが、私は五回で満腹して山男シェフをがっかりさせた。

心身の芯から暖まって外に出ると、もう吹雪は止んでいて、ぎょっとするほど間近に雄大なアルプスがそそり立っていた。しかしその神々しいばかりの姿に似合わない妙に暖かい人間的な匂いがすると思ったら、あのラクレットの匂いではないか。巨大なチーズの山が溶けて雪崩を起こしたというファンタジーが頭をよぎったが、現実は私のセーターにラクレットの匂いが染み込んでいたのだ。そういえば、ベルンの友だちが、「ラクレットを食べるのはいいけど、カーテンまでくさくなるのよ」とぼやいていたけれど、カーテンどころか心の底にまで染み込んで、冬になると誘惑の嵐を起こすのがラクレットの危険な匂いなのである。

3 プロヴィデンスの内裏雛——三月

アメリカの中西部にしばらく暮らしたときは、海なるものはすべて蒸発して、この果てしないとうもろこし畑に変わってしまったのではないかと思うほど、魚に縁のない食生活だった。

なにしろ魚の味がしないということをキャッチフレーズにしてフィッシュ・バーガーを売ろうとするお国柄だから、バーベキュー・パーティに招かれて「わあ、こんないい火で鰯をじゅうじゅう焼いて食べられたらなあ」と口走り、野蛮人を見るような視線に囲まれたこともある。

焼き魚の匂いなど世にもおぞましいというミートイーターは少なくないのだ。

海老さえも「あんな虫みたいなもの、よく食べられるわね」と言う人がいるし、イカやタコに至ってはモンスター扱いで、真っ黒なイカの墨煮とか、紅い酢蛸にかぶりつく女なんて、いもりの黒焼きや赤んぼうの心臓に舌なめずりする魔女の同類と思われても仕方がない。

春風と共にまっしぐらに大西洋を目指してバスに乗り、ロードアイランドの州都プロヴィデンスに辿りついたときは、竜宮城に迎えられた浦島太郎ぐらい感激の嵐だった。私の乙姫様はスペイン移民のローサマリアで、彼女は里帰りのとき仕入れて来た貴重なサフランを惜しみ無く使って、春の海の顔見世大興行という感じでニューイングランドの魚貝がにぎやかに勢揃いしたパエリヤを作ってもてなしてくれた。私の内なる海もみるみる甦って波打ちはじめる。

朝は早速海岸を歩いた。嵐のあとなので、砂浜には手の甲ほどもある二枚貝が大波に打ち上げられてゴロゴロ転がっている。貝を拾っては、灰色の空をキーキー舞い降りるカモメに投げてやるアメリカ人を横目にながめながら、日本―スペイン連合はその貝をバケツ一杯拾い集めた。身が固いから蒸したりしたぐらいではチューインガムだが、みじん切りにして玉ねぎとバターで炒め、サイコロのじゃがいもも加えてコトコト煮込めば、潮が匂うような実に野趣溢れるクラム・チャウダーになる。

プロヴィデンスの街にはポルトガル人経営の小さな魚屋が何軒もあって、若い頃はリスボンの近くで漁師をしていたという赤ら顔のおじさんや、エプロン掛けのコロコロおばさんが、懐かしさにジワッと胸が熱くなるほど昔ながらの素朴な商売をしている。

私はここでマグロとイカを買い、お世話になったローサマリアと牧師の旦那様のために握り鮨を作った。ところが、手でどうぞといくら勧めても、ローサマリアは銀のナイフとフォークを離さない。握り鮨を一口大に切り分けてはゆっくり口に運ぶ彼女を見ながら、そうか、こういうオードブルも悪くないなと思った。金縁の紋章入りの皿に一対ずつ端然と並んだ赤いマグロと白いイカは、まるで雛祭りの内裏雛《だいりびな》のように華やかだ。そういえばニューイングランドもちょうど桃の季節で、窓の外には日本より一オクターブは激しい色の桃の花が大木いっぱい咲き溢れていた。

4 春の王様ご到着――四月

四月になると、フランスのレストランは急に模様替えが始まったように、メニューががらりと変わる。

十月の中頃から幅をきかせていたジビエ（狩猟の野鳥や獣）がさっと消えて、春の野菜がその彩りとともに、レストランの皿を飾り始めるのだ。

王者は何と言ってもアスパラガスで、店によっては入り口近くにわざと盛り上げて飾ったり、メニューに誇らしく大書したりして春の到来を囃立てる。十一月にはボージョレー・ヌーヴォーが解禁されて、いたるところに「ただいま到着！」のポスターがはられるが、春はアスパラガスのヌーヴォーである。アスパラガスの登場は、ポスターこそないけれど、みんな春風に誘われてそわそわしながら注文し、春が来た、春が来た、ここに来たという感じで、本当に嬉しそうに目を細め、愛しげにそっと指で摘んで唇に運ぶ。

そう、ただしくはアスパラガスはナイフやフォークを使わずに、指で食べるものなのだ。ナイフとフォークを一応は持ってくるが、それを断固無視し、皮を剝いて茹であげただけの、日本の缶づめのアスパラガスの三本分はある太いのを、ちょいと茶目っけのある顔をして、ういういしい手つきで、おちょぼ口で食べる、これが流儀と言うものらしい。なにしろ、可愛くない女を表現するのに、これは男の勝手なのだけれど、「彼女はアスパラガスの柔らかな身にナイフを突き立て、引っ掻くように切り裂いた」と書いたフランス版直木賞作家もいたくらいなのだから。

あっさりとしたバター・ソースや、キャビアをたっぷりといれたサバイヨン・ソースが添えられたアスパラガスを摘むのには、優雅な身のこなしと、しなやかな指が必要だ。となればこれは女性の独り舞台のようなものだから、春の主役とのラヴ・シーンをたっぷりとテーブルで演じ切るべきだと思う。

アスパラガスが出回るならば、当然、モリーユ茸やフランボワーズ、帆立貝、そしてまだ小さくて食べるのが可哀相なくらいのエスカルゴも出始める。

いつだったか、その頃パリで最高に冴えていたレストラン「アルケストラート」で、主人のサンドランスさん自身が作ってくれた料理は、フレッシュなフォワグラをさっと焼き、モリーユで作ったソースにアスパラガスの輪切りを添えたものだった。フォワグラの上にはわざとあっさりと焦がしたエスカルゴがあしらってある。その淡い苦みがフォワグラの甘みを引き立て、春の獣の風味を春の野のアスパラガスがふわりと中和するのだ。ワインはサンセールをすすめられた。あの夏の小路の石を口に含んだような太陽の光の味、と表現されているワインである。

「春が満載されている料理と来るべき夏に乾杯」

過ぎた冬に思いを寄せるよりも、来るべき夏に思いを馳せるのも、流儀なのだろう。

5 囚われの鰻——五月

イギリスではちゃんとしたイギリス料理というものを食べたことがなかった。朝だけは、英国式というのが嫌いではなくて、ミルク・ティーと果物の甘煮とオートミール、そして卵料理とベーコンやソーセージにグリルド・トマト、さらにトーストにバターとジャムをたっぷりという、普段ではとても考えられないほど重厚長大なブレックファーストをしっかりとしたためるから、昼食にはあまり情熱が湧かないのである。それでうかうかしているうちに昼時を逃し、ふと空腹を覚えたときはもう三時頃で、ちょうどハイ・ティーというお茶の時間だ。これはお茶とはいえ、サンドイッチやマフィンなどがドサドサッと付いてくるスナック・タイムだから、また当分はお腹がいっぱいになる。その中に埋もれた夕食への情熱がようやく這い出して呻き声を上げる頃は、もうかなり夜も遅く、これからなにやらしかつめらしく重々しげな英国料理というのもしんどいから、イタリアンか中華で気楽にすまそうかとか、インド料理屋でカレーでも食べるかということになるのがいつものことだった。

しかし今回、久し振りのロンドンはいささか様子が違う。石造りの町並みにこそさして変わりはないものの、人々の立ち居振るまいからは、従来のしかつめらしさ、重々しさが急速に薄れ、どこか軽薄でなげやりでいながら結果的には帳尻を合わせるといったラテン的な性格が幅を利かせ始めている。ついにイギリスの伝統も絶えなんとしているのかもしれない、だとしたら、伝統的英国料理だっていつまで保つかわからない、今のうちに味わっておかなきゃ手遅れになると、私はにわかに焦ったのである。

それでイギリスのミステリーやスパイ小説の中でしばしば出会いながら一度も味わうことのなかったゼリード・イールなるものを、まず探して歩き、何軒目かのいかにも頑固そうな店構えの大衆食堂でやっと初体験を果たすことができた。これは、細い鰻《うなぎ》をぶつ切りにして塩水で煮てから丸い型に入れて煮こごりにしたものだ。鰻が生々しい灰色の皮を被ったまま、ロンドンの曇り空のように濁ったゼリーのなかに悃めしげに囚われていると言う、美しさの微塵もない、陰々滅々とした食物である。味のほうもかなり陰惨なもので、小骨がついたままの、しぶとい弾力のある身を歯でこそげおとして、きらりと光る針のような骨を右手に持ってみると、つくづくロンドン塔の歴史を持つ人々らしい嗜好だなと、その生臭さにちょっと顔をしかめたくなる。

これを熱いトーストの上に乗っけて食べるのが彼等の流儀だが、さて、慣れるとこれが美味しくなってしまうのだから、人間の舌とは不思議なものである。熱いバターと一緒にゼリーが溶けてトーストのなかに浸み込んでいくと、春の雪解け水が土の中でみるみる生命力を取り戻し緑の叢《くさむら》から湧いて来るように、いきいきと爽やかな味覚が舌に広がる。

これが冬ではちょいと寒々し過ぎるし、夏ではあの凛とした風味が緩みそうだが、五月の少し脂が乗ったゼリード・イールは、厳しい冬の監獄から解き放たれてワッとときの声を上げる、獰猛《どうもう》なほど激しい自然の生命を感じさせるのである。

6 オリーブ香るリスボンの風——六月

リスボンは不思議な街だ。

近くのロタ岬に掲げられた名高い絶唱「ここに陸は終わり海が始まる」の「陸」とは、すなわち世界であって、ヨーロッパこそが全世界と信じた当時の人々にはここが絶体絶命の地の果てだったが、そういう悲痛さと開き直った楽天性とが光と影のように交錯しているのである。

海際の斜面に爪をたてるようにひしめく貧民窟は、ちょっとでも身動きしたら世界から脱落するとばかり同じ暮らしを守り、大地震でリスボンがほとんど壊滅したときでさえじっとへばりついていたので、今やその中を巡る迷路は観光客お気に入りのタイム・トンネルになった。

「昔」の空間に浸りながら、道端の屋台でこの上もなく新鮮な鰯《いわし》の焼き立てに香ばしいレモンをキュッと絞ってかぶりつくと、これこそ時を越えた最高の美味だと思う。

一方、地震の廃墟を見てやけっぱちに高揚し、「えい、この際、あの憧れのパリでもそのまま作っちゃえ」ということになったのか、まるでルネ・クレールの映画の世界に迷い込んだような気にさせる界隈もある。現在のパリよりもかつてのパリらしい一角が、まるで虚構のように存在しているのだ。

そんな界隈ではポ・ト・フとロゼのワインなどを注文する。ご存じの通りポ・ト・フは水の状態から肉と野菜を煮込んでいった料理だが、ポルトガル風はそこに米が入るのだ。古いタイプの人は、さらに絞りたてのオリーブ・オイルをかけながら食べる。

それから、あの甘いポルト酒で作ったシチュー。これも不思議と懐かしい味がする。糖分がキャラメルになり肉汁が封じ込められながら遂に焦げついてしまった、甘く苦い風味、そこに香り高いオリーブ・オイルもからまって、これは実にポルトガルの味わいなのだ。

リスボンでよく会うファドの歌手によると、このとろけるような甘さ、心が痛むようなほろ苦さこそが、古い言葉の「サウダーデ」だという。

「サウダーデ」は虚空に向けて感情を放射する、切なく情熱的なむき身の感傷の叫びなのである。

舞台装置のような虚構のパリで、味覚だけは絶対にフランス化しようとしない姿勢は、この人たちにはヨーロッパの最先端に住んで絶えず大西洋と対峙《たいじ》し、波を蹴立てて領土を求めようとしたエンリケ航海王の血が息づいているのだなと、ふと実感するのだった。

7 恐怖のチャイナシンドローム――七月

北京から初めて来日した友人を、家の近くの中国料理屋に連れて行ったことがある。うまいうまいと言いながら食べ尽くした彼に、「お口に合ってよかったわ。日本の中国料理もなかなかのものでしょう」と自慢したら、「えっ、今のは中国料理だったの。ぼくは、日本料理だとばかり思ってた。だって、蕎麦屋の天ぷら蕎麦《そば》の味がしたよ」と言われて、愕然としたことがある。冗談じゃない。こっちは生まれてこの方、これも中国の味のひとつだと信じきっていたのだ。

それは確かに、北京に行けば北京独特の味はある。広東料理と四川料理と上海料理の味の違いは、日本人にだってわかる。中国人は住みついた土地に合わせて、中国料理を変えてしまうらしい。そういえば今まで、世界中でずいぶんとおかしな中国料理を食べてきた。

ポルトガルのポルトは、あの甘いポルト酒をふんだんに使った中国料理ばかりで、ポルトの人は中国料理とは甘いものだと理解しているようだし、ヴェニスで注文した炒麺は、見事にアル・デンテで固すぎた。また、マクドナルドやケンタッキー・チキンのように、味を規格化するのが好きなアメリカでは、どこへ行っても中国料理といえば春巻と酢豚とチャプスイで、それがトマトケチャップを伴って現われる。

美食の国だって、中国料理が美味しくなるとは限らないし、店主が中国人だからといって安心はできない。いつか、フランスのディジョンで、素晴らしいワインとブルゴーニュ料理に堪能し、こんなに舌の肥えた街で立派に店を張ってるのだから、さぞかし……と期待して入った中国料理屋は、例のド派手な中国式装飾がほどこされ、漢字入りのメニューの内容も豊富だし、主人もボーイも中国人の顔だから、これは本物だぞとワクワクした。出て来た料理は確かにその姿をしているのだが、一口食べてギャッと仰天した。二口食べる勇気は湧かなかったので、内容の分析はできないのが、今となっては残念だが、ともかく似ても似つかない驚天動地の味がした。

どうやら、中国に行ったことはもちろんのこと、中国料理を味わったことさえない中国人(いや、中国人かどうかも怪しいもので、どこか他のアジアの移民の子孫かもしれない)が、写真でも真似して、でっち上げた料理であるらしい。ともかく見てくれの辻褄を合わせるために、色と形さえそれらしければ、味の調和など関係なく何でも使ってしまうから、表現に絶する奇想天外な味が出来上がるのだ。

これは、実に複雑なカルチャー・ショックだった。以来、さすがに用心深くなったけれど、それでもやはり、外国を歩くたびにそこの中国料理を食べてみたくなる。

チャイナ・タウンがあるような国際都市なら、懐かしい昔の中国の味と巡り合う愉しみもある。今、訪れているカナダのバンクーバーのチャイナ・タウンは最高で、〝カナダナイズ〟されない中国人のための中国料理が、たくましい雑草のように繁茂している。

さあ、今日もこれから、ぷりぷりと弾けるような蟹のぶつ切り炒めなど食べて、しばらくの間、自分がどこの土地にいるのかわからなくなる不思議な感覚に酔うことにしよう。

8 オアシスの噴火山——八月

灼熱の季節になると思い出すのは、モロッコの首都マラケシュで食べたクスクスの味である。強烈な風土の中で健康な食欲を維持するには、その風土にもまして強烈な個性を主張する食事が必要だということを、このクスクスによって思い知らされた。

クスクスというのは蒸した大麦を裏返してから細かい粒状に固めた一種のパスタで、これにこの土地でしか採れない香辛料の魔術的な調合を土台にしたソースをかける、北アフリカ独特の民族食である。

サハラ砂漠に程近い内陸にあるマラケシュは、夏ともなると体温よりも暑く、日中では四十五度を超えてしまうのだから、外に出た途端に心臓から脳天までブイーンと水銀柱が突き抜けたような衝撃にクラクラッと目が眩む。汗などは出るよりも前に蒸発し、それと一緒にどんどんエネルギーを絞り取られ、一歩進むごとに体力が消耗していくのが如実にわかる。だから当然、猛烈に喉が乾きお腹が減るのだが、それでいて食欲的というにはあまりにめためたに打ちのめされた心身状態で、食べたいものなど何一つ思い浮かべることはできないのである。

ためらう私をガイドが強引に連れ込んだレストランは、迷路のようなスークの一角の目立たない扉から薄暗い階段を上がっていくというなにやら売春窟めいたエントランスだったが、最後の扉は「開け胡麻！　ジャーン」という感じで、中は突然キンキラキンの王宮風広間ではないか。椅子と座布団の中間ぐらいの低いソファーにどっかりと寛ぐと、サルタンの小姓みたいな衣装の色浅黒い美青年が銀の巨大な薬罐《やかん》を捧げて来て、私の前に跪《ひざまず》く。お茶を注いでくれるのかと思ったけれど茶碗がないので戸惑っていたら「お手をどうぞ、奥様」と、私の手に冷たい水を注ぎ、恭《うやうや》しくタオルで拭ってくれるのだ。体中に渦巻く暑気が指先からすーっと吸い出されていくようにいい気分である。

ああ、これなら食べる気も湧いてくると気を取り直したものの、やがて現われたクスクスの威容にはまたウッとたじろいだ。一抱えはありそうな大皿いっぱいに円錐《えんすい》状に高く盛り上げられ、溶岩のように真っ赤なソースに覆われたクスクスはまるで噴火山である。しかもその上に脂ぎった羊の肉塊などが押し合いへし合いしているのだから、暑いときには目にも舌にも涼しく爽やかな冷やし素麺などを好む日本的発想とは対極にある凶暴ともいえるほど猛々しい代物だ。ところが、これが食べ出したらやめられない。ウワァ熱い、ヒイッ辛いと喘ぎながらもハフハフと頬張ってはドカドカと胃袋に送り込む際限のない食欲と来たら、砂漠で渇え死んだ駱駝《らくだ》の霊にでも取り付かれたようだった。

熱いときには熱いもので汗を流し、辛いもので舌を灼くという荒療治の痛快さに勝るものはない。目には目を、歯には歯をというアラブの思想は食生活にも逞しく生きているのだった。

9　ソーセージは愛国の衛兵――九月

ドイツではちゃんとレストランに入って食事をした覚えが全然ない。なんていうと、「まったくドイツ料理なんて重ったるくて食えたものじゃないですからね」とフランス料理派が膝を乗り出して来る。連中はドイツ料理の悪口を言いたくてうずうずしているのだが、私は別に連中の同志ではない。近頃の軟弱なヌーベル・キュイジーヌのぎょうぎょうしいフルコースなんかより、質実剛健なドイツの濃い野菜スープ一杯で黒パンでも齧る方がよっぽどいい。いやそれよりもっと簡単に屋台でジュウジュウ焼かれているソーセージを立ち食いするだけでも満足だ。

とりわけ、公営のクアハウスで一風呂浴び、ハーブの枝にお湯を振り掛け、森の香りを充満させたサウナに寝転んで、ゆっくりと英気を養ってから街を歩いたりしようものなら、あの刺激的なソーセージの匂いにとても抗《あらが》えるものではない。突然猛烈に尻尾を振り立てる犬のような気分になって、人込みを掻き分け、掻き分け、匂いのもとに突進し、勢い良く「お手」をしてしまう。

その手にパッと渡される長方形の紙皿には、ところどころに焦げ目のついた熱いプリプリのソーセージと、ブロッチェンという丸いパンが乗っかっている。これは長年連れ添った夫婦のように相性がいい。それにさらに情熱を加えたければ、シナモンやナツメグなどの香料を入れた熱くて甘いグリューワインを一杯飲む。ああ、なんて幸せなんだろう。その余勢を駆って、デザートも屋台で立ち食いしてしまう。カートーフェル・プッファーというじゃがいものパンケーキの揚げ立てに甘酸っぱいアップル・ソースをかけて、フーフー言いながらかぶりつく。

これでもう完全に満腹だ。これ以上何を食べられようか。

こうして、いつもソーセージが立ち塞がって、私をレストランに行かせないのだが、多分この方が正解なのだろう。ソーセージこそドイツの味覚の名誉を守る、凛々しく逞しい愛国の衛兵なのである。

いつか身体を壊して貧血に苦しんでいたときは、ドイツ人の友だちに血のソーセージを勧められた。しかし、彼女の話はかえって私を怖じ気づかせたものだ。「子供の頃は、よくソーセージ作りのお手伝いをさせられたものよ。村では豚を自分たちで殺してたのよね。子供たちは何をさせられたと思う？　殺したばかりの豚の血をなみなみ満たした大鍋を火にかけて掻き混ぜるというひどい役目よ。幼い女の子にはかなり強烈な経験だったなあ」

血のソーセージは見た目には真っ黒だ。その中に白い脂肪の固まりが点々としている。そのあつあつを輪切りにして、新鮮なほうれんそうと素早く混ぜる。濃いグリーンの葉と黒いソーセージが純白のお皿に盛られて出て来たその彩りの美しさに感嘆して、やっと食べる勇気が湧いた。食べてみると、よくペッパーが利いて臭みなどないから、レバーが苦手な私にとって、実に有り難い増血食になった。

10 ヴェニスのお歯黒女——十月

たとえ夏でなくても赫々《あかあか》と太陽が輝くのが、私にとってのイタリア料理だった。地中海地方の烈しい陽光を破裂しそうにまで蓄えたトマトが太陽のミニチュアで、一年中陽気なカンツォーネを歌い続ける。夏大好きの私はそういうトマト、トマトしたイタリア料理が何よりも好きだったのだ。

しかし、人生の秋のしみじみした味わいがわかりはじめるにつれて、もう少し秋っぽいイタリア料理も魅力を増してきた。地方では南から北へ、色でいえば赤から白や茶へと、料理の好みが移りつつあるようだ。とりわけヴェニスを中心にしたヴェネト地方の料理が美味しくてたまらない。

夏が終わり、アドリア海の色が次第に黒味を増し始めた頃、騒々しい観光客の大群が去ったのと入れ替わりに、ひそかな秋風に寄り添うようにしてヴェニスを訪れたことがある。

空気がしっとりと落ち着いたのか。夏の間はわからなかったパンを焼く匂いが、狭い迷路を辿り橋まで渡って吹き抜けてくる。あちこちに急にポッカリと開いたような、カンポとよばれる広場には、まだ少しは名残をとどめる夏の夕陽を見るために街人たちが集まってきて、おしゃべりに花が咲く。観光シーズンが終わってしばし気怠《けだる》い虚脱感に浸ったあと、地元の庶民生活はやおら活気づいて、本物のヴェニス料理はこれからだよとばかり、憎たらしいほど美味しいものを食べ始めるのである。

まず、ボレンタというとうもろこしのパンケーキがにわかに香ばしくなる。夏に古い粉を使いきり、日本でいえば新米に当たる新しい粉を使い始めるからだ。

日本の秋刀魚《さんま》のように、ヴェニスの秋を鮮やかに味わわせるのは、フェガトという生のレバーをオリーブ油と塩こしょうだけであっさり焼いた料理だ。豆の煮込みもよく食べる。この秋は短く、もうすぐ冷たく湿った冬が来るから、薪を積むように栄養をつけ体力を蓄える。魚市場に行ってみると、貝類は次第に減ってきて、代わりに猛々しいほど鮮やかな色をした魚たちが、銀色の鱗を輝かせる。

大好物の手長海老は、体操少女のように身が締まってきて、あっさり焼いた白い肉がグリーンのオリーブ・オイルを跳ね返す。

私のようにむっちりと貫禄をつけたイカから溢れる濃厚な墨ときたら、そのフルーティーな香気と深い甘みはまさに女盛りの情熱を凝縮したようだ。イカ墨のパスタを夢中で貪って、ふと気付いたら口の中も外も真っ黒に染まっている。

「わあ、お歯黒女だ」と口走ったことから、同席のイタリア人に「お歯黒」の意味を解説する羽目になったが、チチョリーナ女史を国会に送るほどさばけた国民に、あの抑圧的な慣習を理解させるのには苦労した。

ちょっとやそっと拭ってもとれない、このイカ墨のしぶとい黒さには、重い因習の中に生きた、かつてのお歯黒女たちの怨念が籠っているのかもしれない。

11 サルタンはなすが好き——十一月

陸に上がった魚がこんなに上機嫌なのは見たことがないと目を見張ったのは、イスタンブールのバザールである。白い大理石の台に濃緑の木の葉をバサッと敷き延べた上で、魚たちはピクニックの休憩みたいにはしゃぎながらてんでんに寝転がっている。たしかにバザールは、誰だってわくわくしないではいられない場所なのだ。海の幸と山の幸が、縄張りを忘れて仲よくごった返し、赤、緑、黄の三原色が威勢よくひきたて合い、毎日が祭りのように陽気な喧騒と豊麗な彩りで溢れかえる市場なのである。

バザールのお祭り騒ぎがそのまま食卓に乗り込んだのがMezeという豪勢な前菜のパレードだ。「ええっ、トルコってこんなに御馳走のあるところだったの」と度肝を抜かれたが、それは私の認識不足で、東西の文化の接点に位置し、歴史的文化背景も複雑なトルコは、入り組んだ文化と豊かな素材が結びついた多彩な料理で、世界の美食家のメッカになっているのだという。

「日本人はトルコというと、料理ではなく、いかがわしい浴場を連想するそうじゃありませんか。無礼千万ですよ。一体どこでどう間違ったんでしょうね」と、トルコ人の友人は苦笑している。「ほんとうにどうしてでしょうね。東京なんて世界中の料理が妍《けん》を競っているのに、トルコ料理店というのは寡聞にして知らなかったわ」考えてみると、日本では羊に弱い人が多いから、回教圏の料理はポピュラーになりにくいのだ。私も不幸にして羊を愛せない人種に属するので、回教圏の食卓ではあまり元気になれない。羊が駄目だなんて言いにくい雰囲気なので、いっそ菜食主義者を名乗ってしまうことが多く、つまらないサラダだけをボソボソと食べる兎のような食生活に耐える羽目になる。

ところがトルコに来て見ると、魚介と野菜の料理が数限りなくあって、羊嫌いでもなんの不自由もない。特に野菜料理のバラエティーは感激的だ。

「なにしろ、われらがサルタンはグルメ揃いでしたからね。十六世紀の宮廷の厨房の記録を見たら、当時で既に、なすの料理だけでも百五十のレシピが残っていますよ」

「わあ、私はなすが世にも好きなのよ。でもレシピなんて百五十の一割も知らないわ。なすは日本が本場だと思っていたのに」

「いや、なすこそはトルコ料理の宝ですよ。昔から貧乏人のキャビアと申しましてね」

「日本でも昔から、秋なすは嫁に食わすなというわ」

と言ってからしまったと思った。いずれもなすの美味を称える言葉だけれど、嫁に食わすなとはいかにもけちくさい。貧乏人のキャビアのほうがずっとおおらかでポジティブではないか。いさぎよくシャッポを脱いで、秋刀魚《さんま》は目黒、なすはトルコが本場だと思うことにしよう。

12 スペインの可愛いハート——十二月

馬鹿の一つ覚えで、スペインならパエリヤだと思いこんでいた。アフリカを回って来た長旅の途中で、米飯に飢えてもいたのだが、マドリッドに着いてレストランに入った途端、私も子供たちも、メニューも見ずに「パエリヤ」と叫んだのである。ところがあっさりとふられてしまった。次のトレドでもメニューにパエリヤは見当たらなかった。

パッケージ・ツアーなら必ず赤い手長海老や大きなムール貝がお祭りみたいにごった返した、ど派手なパエリヤがジャーンと現われるけれど、あれは観光客用の定番で、スペイン人にとっては別に代表的な料理というわけでもないらしい。まあ、日本人が、スキヤキやテンプラを常食にしているのではないのと同じことだろう。

私がなかなかパエリヤにありつけなかったのは、外人をカモろうと手ぐすねひく観光レストランに足踏みしないで、専《もっぱ》ら地元人のテリトリーにお邪魔していたということなのだと思えば悪い気はしない。

夜が更けなければ夕食がはじまらないこの国では、それまで一杯飲屋をはしごして、シェリーなど嘗めながら、ピンチョスというスナックをつまむ習慣があり、これが地元の味覚の宝庫なのである。そこで知り合ったドン・ホセみたいな青年が、長い睫毛が私の頬に触れるくらい顔を寄せて来て「あなたにぜひ味わわせたいものがあるんだけど」と囁いた。「あら嬉しいわ、何かしら」と微笑んだら「可愛いハートですよ」と、澄まして答えるではないか。わあ、スペイン男が情熱的だとは聞いていたけれど、のっけに口説き文句とは図々しい、何が可愛いハートだ、毛の生えた心臓じゃないかと、呆れてまじまじと顔を見てしまったけれど、彼はしごく無邪気な表情で、「かなりホットだけど、大丈夫だよね」などとぬかすのだ。

さて誇り高き大和撫子としては、ここで毅然たる対応を迫られる。何か辛辣な台詞《せりふ》はないかなと乏しいボキャブラリーをまさぐっている私の前に、ピンチョスの小皿がポンと置かれた。

そして、「これだよ。食べてみて」と、彼の明るい声がした。

「え？」と、その皿を見て驚いた。そこに盛られているのは、なんと本当に可愛い心臓ではないか。指先ほどのちっぽけなものだが、形はまぎれもなく心臓で赤い色をして、つまりトランプのハートそのものなのだ。

これは小鳥の心臓をオリーブ油と唐辛子で煮たものだと彼が説明してくれる。やれやれ、危ないところだった。早とちりで肘鉄など食らわせてたら、なんという自惚れ女かと、いい物笑いの種である。

胸を撫で下ろしながら、おそるおそるそのハートをつまんで口に入れると、コリッとした歯応えだ。噛みしめると、血管の切り口から赤い汁がピュッと出る。唐辛子が随分きいていてピリリと辛い。

「かなりホット」のホットは、辛いという意味だったのかと、また気がついていよいよ赤面し、こちらの心臓がホットになった。

あとがき

この本を書いた一九七六年は私の三十代最後の年だった。二十代は文藝春秋の記者としてよく働きよく遊びながらかれんとノエルを隠密出産する頃までは順調だったが、二十八歳で会社も日本もスピンアウトして迷走が始まり、六七年、ヴェトナム戦争の従軍記者として生死の狭間で三十歳の誕生日を迎えたのである。翌年ローランドを出産するなり一家離散して無頼で孤独なアメリカ大放浪。七十年に処女作の『渚と澪と舵―ふうてんママの手紙』刊行を機に帰国し、七二年に『淋しいアメリカ人』で大宅壮一ノンフィクション賞を受賞してブレイク。執筆、取材、テレビ、講演……と文字通り東奔西走の中で激しく恋もした、まさに疾風怒濤の三十代だったのだ。

その恋が無惨に終わってズタズタに傷ついていたとき、こともあろうに「愛」を主題にした人生論の書きおろしを頼まれ、「滅相もない、愛なんて聞いただけでも傷口から血が噴き出すから勘弁してよ」といくら断っても諦めない編集者についに根負けし「じゃあ、なんとか書いてみるけど、テーマは食にしましょうよ。料理こそ愛なんだから」というところで手を打ったのだ。

料理こそ愛なんて、実は苦し紛れに口走っただけなのに、いざ書き始めたら、これが満更でたらめでもなく、好きな料理を思い浮かべるとその周りには必ず家族や恋人や友達がいて、それがさまざまな愛の記憶に繋がっていくではないか。

「私の人生って食卓を中心に回っているメリーゴーラウンドみたい」と、俄然愉しくなって、どんどん筆が滑りはじめた。

このメリーゴーラウンドに幼いころから乗ることができたのは仕合わせだった。母は上海社交界の華と謳われた美女だったが、私にとっては台所で一番颯爽と輝く料理の達人だった。そのエプロンの裾を掴んで台所をちょこちょこ動き回る私を母は決して邪魔にせず、いつもなにかしら任務を与えてくれた。もやしの根っこ取りから始まって、トウモロコシの皮剥き、カリフラワーの房ばらし……と進んで行き、ついにマヨネーズ作りの一端を担い、母がボウルに叩きこむ卵黄に私がサラダオイルをたらたらと垂らす役目を果たしたときの誇らしさは忘れられない。

後に活路を求めて海外に飛び出したとき、編集者としてのキャリアなど何の役にも立たなかった異言語圏でなんとかサバイバルできたのは、料理というどこでも通用する能力をしっかりと授けてくれた母のお蔭なのである。

母はプロではないし正式に料理を学んだわけでもないから、小難しい理屈や細かいこだわりはなにもなく、そのときどきの状況に柔軟に対応しながら、まるで自然の成り行きのように、ともかく美味しいものを作ってしまう人だった。あれは料理というより生き方を教わっていたような気もする。

母同様に、私も杓子定規な料理の心得はないから、この本を書くにしても、調理時間や量目などに目くじら立てず、「適宜」とか「好みで」とか「味を見ながら」とか、すべてがいい加減なのだ。

それがエポックメーキングな料理書とか料理ブームの先駆けとか褒められて、予想外のベストセラーになったことは、私にとってもエポックメーキングな出来事だった。その印税で「マザーグースと三匹の子豚」の大休暇を贖い、世にも美しいイーストハンプトンで生命の洗濯と充電を果たし、新しく生まれ直した気持ちでみずみずしい四十代を迎えることができたのだ。

その本も新装復刊でもう一度生まれ直すことになったというので久しぶりにじっくり読み直してみたら、口惜しいほど元気で冴えていて老いやズレを全然感じない。だから一字一句直さず、当時のまま読んで頂くことにした。いま、七十五歳の私もまだ十分元気だし、当時より知識や経験も増えたので、この本の続編を書こうという意欲も湧いて来た。新しい読者に、三十六年前の私と仲良くなって頂けたら嬉しい。

桐島洋子

解説

『聡明な女は料理がうまい』という、タイトルを読むことから、この本の読書ははじまる。

含蓄のないストレートなタイトルであるけれど、すぐに呑み込まずに、口のなかでゆっくり溶かして味わいたい飴玉のような気がしてならない。鼻を近づけて嗅いでみると、さわやかで、ぴたっと味が決まっていて、そして嬉しさを予感させる香りがする。

「聡」とは、耳がよく聞こえることで、「明」とは、目がよく見えること。聡明というと、賢いとか、ああ、頭が良いことですね、と思いがちだけれどそれは違う。

桐島さんの言葉を借りれば、聡明とは、心のありようも含め、知情意のバランスが絶妙で、人柄品格も申し分のない人のことをいう。

頭の良い人というのは、何でも知っているせいで、調べることに忙しくて、物事をあまり考えず、情報や知識という答えの中で生きている。昨今はインターネットという便利な道具があるせいで、何でも知っている頭の良い人が、あまりに多くなっている。地球の裏側の、今日の天気を、パパッと調べて、数値を眺めて、なるほどね、と納得する、時間もお金もかからないタイプである。

片や聡明な人というのは、巷の情報や知識にさほど興味がなく（自分の経験こそ真の情報であると知っているから）、何事もまずは自分の目で見て、耳で聞いて、頭と心で考えることで納得をする。ひとつの好奇心や興味が、常にひとつの行動につながっている生き方といえよう。地球の裏側の、今日の天気が知りたければ、よし、行ってみよう、と出かけて自分で確かめる、時間もお金もかかるタイプであるけれど、元値以上の宝を身につけている。

本書は、優れた料理エッセイでありながら、そんな聡明な人になるためのヒントが、スパイスのようにたっぷりと散りばめられていて、ウイットに富んだ人生論としても楽しめる。

桐島洋子さんは、十八歳で文藝春秋に入社した。そのときのエピソードを直接聞いたことがある。高校三年生の頃、桐島さんは進学か就職かと悩んでいた。手紙を書くのが好きだった桐島さんは、そんな心境やら近況報告をこまごまと葉書に書いて親友に送り続けていた。その葉書をたまたま目にとめた人がいた。親友の父親、作家の永井龍男氏である。永井氏は桐島さんの文章の面白さと愛嬌に触れ、いつしか娘に届く桐島さんの葉書の愛読者になった。

桐島さんが進学か就職かに悩んでいることを知った永井氏は、ある日「彼女は文才があるから文藝春秋を受けてみたらどうか」と進言をした。文藝春秋が高卒を採用するとは思っていなかったが、調べてみるとたしかに募集があった。しかも応募にはまだ間に合う。桐島さんは大急ぎで履歴書を書くなどして入社試験に挑んだ。身上調書の長所の欄には「明朗・活発・大胆・率直・我儘・強情・呑気・鷹揚・淡白・厚情」。短所の欄には「右に同じ」と書き、嗜好の欄には「美味しいものならなんでも好き、特に寿司・肉料理・葡萄酒・酒肴品・珈琲」と、世間体や常識に拘らず、自分に正直に書いた。

桐島さんは難関試験を突破し、面接もパスし、晴れて文藝春秋に上位合格で入社した。

入社後も桐島さんの文才は大いに活躍した。雑用係として、読者からの手紙を一手に引き受け、心をこめて一つひとつ丁寧に返事を書いた。「こんなにすてきな手紙をいただくとは」と読者に感激されることが少なくなかった。非難攻撃の手紙に激烈な反論を書くと、それに怒り狂った右翼が怒鳴りこんできたこともあった。この時はさすがにクビになるかと思ったが、「キミが書いたという手紙を読まされたよ。いやあ、実に痛快だった、よく書いた、それにしてもキミは筆力があるねえ」と編集局長からほめられ、後に編集部へと移動となった。

このように、あらゆる局面で、筆まめによる手紙が、桐島さんの運命を拓いていった。仕事だけでなく、恋愛についても、と桐島さんはいう。

その後はご存知の通り、会社に隠して未婚の母になったり、ベトナム戦争に従軍して銃弾の嵐をくぐったり、広いアメリカの端から端までを放浪したり、三人のお子さんを引き連れて世界を旅したりと、人気作家としてドラマティックな人生を歩んでいく。

そんな桐島さんが、「私が書いている料理も、ほとんどはおそらくだれでも知っているようなものばかりで、事あらためて作り方など書くのは気がひけるのだが、たいせつなことは何よりも作る心にあるのだから、その〝作る心〟をいささかでも励ますためと思って、悪びれずに書きつづけることにする」と本書に記しているように、料理を楽しむ心を、若い人へ伝えようと、書き下ろしたのが、『聡明な女は料理がうまい』である。

桐島さんは本書で、料理とは、自分の誠実さ、自分の真剣さの表現であり、どんなものでもどうしたらもっとおいしくなるだろうか、どうしたらもっと食べる人が喜ぶだろうかという、創意工夫の表現であるべきだといっている。そして、料理は、作る楽しみはもちろんのこと、暮らしも人生も楽しくしてくれる、と、私たちに教示してくれている。これらは仕事においても、恋愛においても、暮らしや人生においても、共通するフィロソフィーであろう。

ということで、まずはもう一度、『聡明な女は料理がうまい』というタイトルに目を落とし、食事前の料理のように、よく味わってみていただきたい。

松浦弥太郎（『暮しの手帖』編集長）

桐島洋子

Kirishima Yōko

一九三七年東京生まれ。文藝春秋に九年間勤務の後、フリーのジャーナリストとして海外各地を放浪。七十年に処女作『渚と澪と舵』で作家デビュー。七二年『淋しいアメリカ人』で第三回大宅壮一ノンフィクション賞受賞。以来メディアの第一線で活躍するかたわら、独身のまま三人の子どもを育てる。娘のかれん、ノエル、息子のローランドはそれぞれのジャンルで活躍中。ベストセラーとなった『聡明な女は料理がうまい』や、女性の自立と成熟を促した『女ざかり』シリーズをはじめ、育児論、女性論、旅行記などで人気を集めた。五十代から林住期(人生の収穫の秋)を宣言して、カナダのバンクーバーに『林住庵』を設け、半ば晴耕雨読しながら、環境問題、スピリチュアリズム、ホリスティック医療などへの関心を深める。七十代からは私塾の『森羅塾』を主宰、八十代になり日本に落ち着く。

ブックデザイン　坂川栄治+永井亜矢子（坂川事務所）
カバー図案　氏原忠夫
編集担当　村上妃佐子（アノニマ・スタジオ）

聡明な女は料理がうまい

2012年 9 月30日　初版第1刷　発行
2023年10月29日　初版第7刷　発行

著　者　桐島洋子
発行人　前田哲次
編集人　谷口博文
アノニマ・スタジオ
〒111-0051　東京都台東区蔵前2-14-14 2F
電話　03-6699-1064
ファクス　03-6699-1070
www.anonima-studio.com
発　行　KTC中央出版
〒111-0051　東京都台東区蔵前2-14-14 2F
印刷・製本　株式会社広済堂ネクスト

ISBN978-4-87758-712-3 C0095

アノニマ・スタジオは、

風や光のささやきに耳をすまし、
暮らしの中の小さな発見を大切にひろい集め、
日々ささやかなよろこびを見つける人と一緒に
本を作ってゆくスタジオです。

遠くに住む友人から届いた手紙のように、
何度も手にとって読みかえしたくなる本、
その本があるだけで、
自分の部屋があたたかく輝いて思えるような本を。